1. Dios lo hace todo
GÉNESIS

En el principio, no había nada sino Dios. Dios dijo: «¡Crearé un mundo hermoso!». Por lo tanto, Él lo hizo y esto es lo que sucedió.

En el primer día, Dios dijo: «¡Quiero que haya luz!», ¡y hubo luz! Él dividió la luz de las tinieblas para hacer el día y la noche.

En el segundo día, Dios separó las aguas encima de la tierra de las aguas que estaban debajo. En el medio, Él hizo un espacio abierto llamado el cielo.

En el tercer día, llegó la tierra seca y los mares. Entonces, Dios hizo que crecieran en la tierra las plantas, los árboles y las flores. (¿Puedes ver el color en todas partes?). El sol, la luna y las estrellas se crearon en el cuarto día. (¿Puedes verlas brillar en el cielo de la noche?).

En el quinto día, Dios dijo: «Vamos a llenar los mares de cosas que naden. Vamos a llenar el cielo de cosas que vuelen». Y se hicieron. (¿Puedes ver los peces y las aves?).

Dios quería animales domésticos[G] y animales salvajes, por eso los hizo en el sexto día. (¿Puedes ver los gatos y las vacas, los leones y los leopardos?).

Había una cosa que faltaba. Dios quería a alguien que fuera como Él. Quería a alguien que pudiera pensar, reír y amar. Quería a alguien que fuera su amigo. Por lo tanto, en el sexto día, Dios hizo su creación más especial: un hombre llamado Adán.

En el séptimo día, Dios no creó nada. Él miró todo lo que había hecho y dijo: «Es bueno. ¡Es muy bueno!».

2. Un lugar perfecto
GÉNESIS 2, 3

Cuando Dios hizo a Adán, el primer hombre, Él lo hizo de una manera especial.

Dios tomó el polvo del suelo y le dio la forma de un hombre. Entonces, Él sopló el aliento de vida en la nariz del hombre.

Dios plantó un maravilloso jardín para que Adán viviera allí. A este jardín lo llamó Edén. El jardín tenía bellos árboles y flores. Hizo que crecieran muchos árboles frutales buenos para comer. En el centro del jardín, Dios plantó el Árbol de la Vida y el Árbol del Conocimiento del Bien y del Mal.

Adán cuidaba el jardín y los animales. Dios le dijo que les pusiera nombres a los animales. Mientras hacía este trabajo, Adán vio que cada animal tenía otro como él. Solo él no tenía otro igual que él. Se sentía solo.

Dios dijo: «No está bien que el hombre esté solo. Le haré una ayudante que sea buena para él».

Por lo tanto, Dios puso a Adán a dormir como si estuviera muerto. Dios tomó un hueso del costado de Adán. Él hizo una mujer del hueso. Cuando Adán despertó, vio esta nueva creación y dijo: «Ella se llamará "mujer" porque se tomó del hombre». A ella se le dio el nombre de «Eva».

Adán y Eva estaban felices en el Edén. Ellos caminaban y conversaban con Dios. Ellos no se preocupaban por nada: ni por la comida ni por el agua, pues los tenían en abundancia; ni por las ropas, pues no se ponían ninguna; ni por las cosas malas, pues no había nada malo.

No sabemos cuánto tiempo vivieron en este lugar perfecto. Sin embargo, un día sucedió algo que lo cambió todo.

3. Lo que falló
GÉNESIS 3

Adan y Eva no eran como los animales. Podían decidir lo que harían. Podían decidir amar a Dios y mostrar este amor al obedecerlo. O podían decidir desobedecer a Dios y demostrar que no lo amaban.

—Pueden comer de todos los árboles, menos de uno —le dijo Dios a Adán y a Eva.

—¿Cuál árbol no es permitido? —le preguntaron ellos.

—El Árbol del Conocimiento del Bien y del Mal —les respondió Dios.

Dios tenía un enemigo llamado Satanás. A Satanás lo expulsaron del cielo porque quería ser mayor que Dios. Satanás podría herir a Dios, si es que lo quería.

Un día, Satanás se convirtió en una serpiente. Él vio a Eva caminando cerca del árbol que no estaba permitido. La serpiente habló y dijo algo como esto:

—Dios es muy malo. Me enteré que Él no les permite comer frutas de ninguno de estos árboles frutales.

—Eso no es cierto —le dijo Eva—. Este es el único árbol que hay que no nos está permitido. Si comemos de él, de seguro que moriremos —dijo ella señalando el árbol que estaba cerca.

—¡Dios les mintió! Ustedes no morirán. Ustedes serán como Dios —le dijo Satanás—. Es por eso que Dios no quiere que lo coman. No quiere que ustedes sepan lo que sabe Él.

Una batalla se libraba en la mente y el corazón de Eva. La fruta parecía buena. Ella quería comerla... pero Dios le había dicho que no. ¿Qué gusto tendría? Eva quería saberlo. ¿Podría ser malo una sola mordida? Quizá Dios no estuviera mirando. Ella tomó la fruta y la comió. Ella le dio un pedazo a Adán y él la comió también.

Cuando desobedecieron a Dios, todo cambió. De inmediato, se sintieron culpables. Habían hecho la única cosa que Dios les dijo que no hicieran. Ellos no querían hablar con Dios. Por primera vez, les daba vergüenza estar sin ropas. Ellos tomaron algunas hojas^G y trataron de hacerse ropas.

Las cosas malas de todo tipo vinieron al mundo cuando Adán y Eva pecaron. Dios les dijo que tenían que abandonar el Edén y salir para el mundo donde iban a tener dolores y problemas. Dios los seguía amando. Él les hizo ropas de pieles de animales para abrigarlos. Él no los olvidó.

4. El primer asesinato
GÉNESIS 4

Adán y Eva tuvieron dos hijos poco después que dejaron el Edén. El primer muchacho se llamaba Caín. Él se convirtió en agricultor. El segundo hijo se llamaba Abel. Él se convirtió en pastor.

Después que se marcharon del Edén, Adán y Eva no hablaron más con Dios cara a cara. Ahora, cuando querían hablar con Dios o pedirle su bendición, lo harían de esta manera. Primero, recogerían piedras y harían un altar. Luego, pondrían madera encima. Harían un fuego y colocarían encima un sacrificio de animal.

Cuando Caín y Abel fueron ante Dios para pedirle su bendición, Abel trajo de regalo el animal que se esperaba. Trajo el mejor animal que pudo encontrar.

Caín trajo del fruto de la tierra. Esto era fácil de conseguir y no costaba mucho.

A Dios le agradó el regalo de Abel, pero no estaba contento con Caín y su regalo. Caín se puso muy enojado. Dios le dijo: «¿Por qué estás enojado? Si haces lo que se espera, todo estará bien. Si no lo haces, el pecado está esperando para destruirte».

Caín no aceptó la responsabilidad por sus acciones. Él comenzó a culpar a Abel. Su enojo hacia su hermano se convirtió en peligroso. Un día, cuando ellos estaban en el campo, Caín mató a su hermano, Abel. Él trato de ocultar lo que había hecho.

—Caín, ¿dónde está tu hermano? —le dijo entonces Dios.

—¡Yo no sé! —gritó Caín—. ¿Soy yo el guardián de mi hermano?

—Sé lo que has hecho —le dijo Dios a Caín—. La voz de la sangre de tu hermano me está gritando desde la tierra. Ahora, Caín, ya no podrás trabajar la tierra. Siempre andarás viajando de un lugar a otro.

Caín se marchó a la tierra de Nod, al este del Edén. Todos los días él recordaba lo que había hecho y todos los días lo castigaba ese recuerdo.

5. Un amigo de Dios
GÉNESIS 5: 18–24

¿Te puedes imaginar que tengas 969 cumpleaños? ¿Cuán grande tendría que ser tu tarta de cumpleaños para que cupieran 969 velas^G? ¿Podrías soplarlas todas?

Hace muchísimo tiempo había un hombre que tuvo 969 cumpleaños. Su nombre era Matusalén.

Matusalén tenía una historia muy interesante que contar de su familia. Su bisabuelo, Jared, celebró 962 cumpleaños. Sin embargo, a Matusalén le gustaba hablar en especial de su padre, que se llamaba Enoc.

Todos los días, Enoc caminaba con Dios. Esto significaba que cada día le era fiel y obediente a Dios. Todos los días, Enoc hablaba con Dios. Él vivía como Dios quería que viviera. Él era amigo de Dios. Este caminar con Dios duró más de 300 años. Entonces, sucedió una cosa sorprendente. Un día, cuando Enoc tenía 365 años de edad, Dios se lo llevó. No sabemos con exactitud cómo sucedió, pero Enoc se fue para estar con Dios sin morir.

Matusalén nunca se cansaba de contar la historia acerca de su familia. Él la contó hasta que cumplió 969 años de edad y, luego, se murió. Por lo que sabemos, Matusalén vivió en la tierra más que ningún otro hombre.

¿Cómo podía la gente vivir para ser tan viejo hace tanto tiempo en el principio del mundo? Quizá no había tantas enfermedades entonces. Es posible que la comida fuera mejor. Quién sabe si Dios permitía que la gente viviera más para que pudiera tener más hijos y hacer que creciera la población del mundo. ¿Qué opinas tú?

Nosotros no sabemos cuántos cumpleaños tendremos, pero todos los días de nuestra vida debemos ser amigos de Dios.

6. Noé, un buen hombre en un mundo malo

GÉNESIS

Pasaron muchos años y la tierra estaba llena de personas. Sin embargo, todos los que vivían en la tierra se habían convertido en pecadores. Todos sus planes y sus pensamientos eran malos. Se hacían daño los unos a los otros. Todos ellos se olvidaron de Dios; todos, menos un hombre y su familia.

Este hombre era Noé. Noé era un buen hombre que amaba a Dios.

Dios le dijo a Noé: «Mi corazón está lleno de dolor. La gente es tan pecadora que estoy arrepentido de haberla creado. He decidido destruirlos a todos. Sin embargo, Noé, si tú me obedeces y confías en mí, no los destruiré a ti, a tu esposa, a tus tres hijos

ni a sus esposas. Escucha con mucha atención, Noé, porque va a ver una inundación. Esto es lo que tienes que hacer».

Dios le dijo con exactitud a Noé cómo hacer un barco muy, pero muy grande llamado «arca».

Noé y sus hijos trabajaron en el arca por muchos años. Los vecinos y los amigos le dijeron sin dudarlo: «Noé, ¡tú eres un tonto! ¿Por qué construyes este barco inmenso donde no hay agua?».

«Viene una inundación», dijo Noé. «Dios me dijo que construyera esta arca. Será un lugar de seguridad para mi familia y para mí, y para cualquier persona que venga con nosotros. También vamos a salvar a los animales del mundo». La gente se reía de él. Noé siguió la construcción.

Cuando el arca se terminó, Dios dijo: «Ahora es el momento de traer a los animales. El barco es lo bastante grande para que quepan todos. Trae un macho y una hembra de cada especie de animales, aves e insectos. Además, recoge y almacena todo tipo de alimentos para los animales y para ti».

Noé lo hizo todo según se lo ordenó Dios. El arca esta preparada. Los animales estaban dentro. Noé y su familia también entraron al inmenso barco. Ninguna otra persona estuvo dispuesta a unírseles.

Entonces, Dios cerró la puerta.

7. La inundación
GÉNESIS 7, 8

L a lluvia comenzó a caer.

«Quizá Noé no era un tonto», dijo un hombre.

«No te preocupes, la lluvia pronto pasará», dijo otro hombre.

La lluvia no se detuvo. La lluvia cayó durante cuarenta días y cuarenta noches. La gente y los animales trataban de huir de las inundaciones. Se fueron para la parte superior de las casas y para las cimas de las montañas, pero no pudieron escapar. Todos murieron.

Las aguas elevaron el arca de la tierra y la hicieron flotar. Noé, su familia y los animales estaban a salvo. Las aguas cubrieron la tierra durante ciento cincuenta días.

Luego, las aguas comenzaron a bajar. Al final, el arca descansó en la montaña llamada Ararat. Noé no podía salir del arca hasta que no se fueran las aguas de la inundación y la tierra estuviera seca.

¡Cuán difícil debe haber sido la espera! Los animales estaban inquietos, hacían mucho ruido y olían mal. Noé quería ver cómo la inundación había cambiado el mundo. Quizá las mujeres desearan sentir el sol en la cara otra vez.

Después de cuarenta días, Noé comenzó a enviar aves para ver si ya no había agua. Por último, una paloma, el ave que a menudo se considera como un símbolo de la paz, regresó con una hoja de olivo recién cortada, y Noé entendió que ya casi no quedaba agua.

Cuando la tierra estuvo seca, Dios le dijo a Noé: «Sal del arca. Lleva a tu familia contigo. Debido a que confiaste en mí, te guardé a salvo. Saca a todos los animales también».

Noe salió del arca. Él vio un mundo nuevo y limpio. ¡Su corazón estaba lleno de gozo y agradecimiento!

8. Una promesa para siempre
GÉNESIS 8, 9

Noé estaba muy agradecido por estar vivo. Estaba muy feliz de tener toda su familia con él. Dijo: «La primera cosa que debemos hacer es darle gracias a Dios».

Así que, Noé construyó un altar. Oró y le dio una ofrenda especial de «gracias» a Dios.

Dios estaba contento. Él les dijo a Noé y a su familia que tuvieran muchos hijos para que, con el tiempo, la tierra estuviera llena de personas otra vez. Entonces, Él le hizo una promesa a Noé:

«Nunca más una inundación acabará con la vida entera. Nunca más la tierra se destruirá por el agua».

Dios prometió también:

«Mientras exista la tierra, se plantarán las semillas y se recogerán las cosechas. Jamás se detendrán el frío y el calor, el verano y el invierno, el día y la noche.

»Noé, mira hacia el cielo. ¿Qué es lo que ves?», le preguntó Dios. Noé y toda su familia levantaron la vista. Allí, extendiéndose de un lado a otro del cielo, había un arco iris[G] muy grande y hermoso.

Dios dijo: «Quiero que recuerden la promesa que les he hecho a ustedes. Por lo tanto, yo he puesto mi arco iris en las nubes. Cuando ustedes, y todos los que vendrán después de ustedes, vean este arco iris, no deben olvidar mi promesa».

Hoy en día, cuando el sol brilla después de la lluvia, a veces vemos un arco iris. Cuando lo vemos, ¿qué debemos recordar?

9. Una torre alta
GÉNESIS 11

La gran inundación terminó. Dios le dijo a Noé y a sus hijos: «Tengan muchos hijos y dispérsense por toda la tierra. Llenen todo el mundo de personas».

Mientras los hombres se dirigían hacia el este, encontraron una hermosa región llamada la llanura de Sinar. Miraron a su alrededor y vieron todo lo que necesitaban para tener una buena vida. Había alimentos, agua y barro para hacer ladrillos.

En ese tiempo, todo el mundo hablaba el mismo idioma. Por lo tanto, a ellos les fue fácil decirse el uno al otro:

—Dejemos de estar moviéndonos de un lado para el otro. Vamos a construir una gran ciudad y a quedarnos aquí.

—Pero Dios dijo que nos dispersáramos y llenáramos el mundo entero de gente. ¿Qué me dicen de eso? —preguntó alguien.

—Olvídalo —le dijeron los líderes—. Nos quedaremos aquí y seremos famosos. Nuestra ciudad será la más grande del mundo.

—En cambio, si no obedecemos a Dios, Él se enojará. ¡Recuerden la inundación! —dijo otro.

—Olvídate de eso —le dijeron los líderes—. Vamos a construir una torre: un edificio que sea tan alto que toque el cielo. Nos haremos famosos. Ahora, pongámonos a trabajar y hagamos ladrillos.

Dios bajó para ver lo que ellos estaban haciendo. Él vio la ciudad y la torre que estaban construyendo. Él vio lo orgullosos y engreídos que estaban.

«Esto debe pararse», pensó Dios. «Si le permitimos que terminen esto, ¿qué otra cosa van a tratar de hacer?»

«Ya sé lo que voy a hacer», dijo Dios. «Les daré idiomas diferentes. No van a ser capaces de entender las instrucciones y ese trabajo se detendrá. Esta torre se llamará la Torre de Babel. Babel significa imposible de entender».

Y sucedió que cuando no pudieron entenderse los unos a los otros, el trabajo se detuvo. Los pequeños grupos que podían entenderse entre sí comenzaron a moverse hacia otros lugares. Por fin todo el mundo se llenó de personas que hablaban diferentes idiomas.

10. Abraham tiene fe
GÉNESIS 12, 13

Muchísimos años después de la Torre de Babel, había un hombre llamado Abram que creía en Dios. Él vivía en la tierra de Ur.

Un día, Dios le dijo a Abram: «Todo el mundo en este lugar adora ídolos. Quiero que te marches de aquí y vayas a un lugar que les pertenecerá a ti y a tus hijos para siempre».

Abram tomó todo lo que tenía y se dirigió a esa Tierra Prometida. Era la tierra de Canaán. Él tomó a su esposa, Sarai, a su sobrino^G, Lot, y todo lo que tenía y se los llevó con él.

Abram era un hombre muy rico. En aquellos tiempos, las riquezas dependían de la cantidad de animales que tenía un hombre. Tanto Abram como Lot tenían muchos animales. No había suficiente hierba y agua en un solo lugar para todos sus animales.

Abram dijo: «Sobrino Lot, tendremos que separarnos. Te permitiré que tú seas el primero en escoger un lugar».

Lot escogió la mejor tierra, junto al agua donde crecía la mayor parte de la hierba. El lugar que escogió estaba cerca de la malvada^G ciudad de Sodoma.

Después que Lot se marchó, Dios habló con Abram y le prometió: «Mira hasta donde puedas ver. Te daré toda esta tierra. Tus familiares, después de ti, serán más que las estrellas del cielo. Serán más que los granos de arena^G alrededor del mar. Ellos se convertirán en una gran nación. Yo los bendeciré; yo bendeciré a todo el mundo por medio de ellos».

Esta Tierra Prometida se convirtió en el país de Israel, y a su pueblo se le llamaba judíos.

Sin embargo, para Abram y Sarai había dos grandes problemas. El primer problema: no tenían hijos. El segundo problema: los dos eran muy viejos. «¿Cómo», razonaban ellos, «Dios puede hacer un gran pueblo de nosotros cuando no hay ni una sola persona de la cual hacerlo?»

Incluso con esos grandes problemas que enfrentaba Abram, él seguía creyendo que Dios era capaz de cumplir su promesa.

11. Fuego del cielo
GÉNESIS 19

A medida que pasaban los años, Dios le recordaba a Abram acerca de la promesa. «Se hará realidad», le dijo Dios. «Yo voy a cambiar tu nombre a Abraham porque eso significa "Padre de Naciones"». Sarai tuvo un nuevo nombre también. Ella se convirtió en Sara.

Abraham le dijo a Dios: «Creo en tu promesa, pero yo tengo noventa y nueve años de edad. Sara es demasiado vieja para tener un bebé. Ella tiene casi noventa años. ¿Cómo puede pasar eso?».

La respuesta llegó: «¿Hay algo imposible para mí?».

La próxima vez que Dios visitó a Abraham lo hizo como uno de los tres viajeros que iban de camino hacia la malvada ciudad de Sodoma.

Abraham invitó a los viajeros a que comieran y descansaran. Él se dio cuenta de que eran del cielo cuando uno dijo:

—El año que viene, por este tiempo, Sara tendrá un hijo.

Sara estaba en la tienda escuchando. Ella se rió al pensar en llegar a ser madre a los noventa años de edad.

—¿Por qué Sara se rió? —preguntó el Visitante celestial.

—Yo no me reí —mintió Sara porque sintió miedo.

—Ah, sí lo hiciste. Cuando el bebé nazca, le vas a llamar Isaac. Isaac significa «risa».

Los visitantes dijeron que destruirían a Sodoma porque era muy malvada.

—Mi sobrino vive allí —les dijo Abraham—. ¿Podrían advertírselo y decirle que huya?

Los visitantes celestiales encontraron a Lot y le dijeron lo que sucedería: «Debes apurarte. Tienes que correr lo más rápido que puedas. No cambies de idea. ¡Ni siquiera mires hacia atrás!».

Dios derramó fuego del cielo y destruyó a Sodoma y a un pueblo cercano llamado Gomorra.

La familia de Lot corrió, pero en el camino, la esposa de Lot miró hacia atrás y se convirtió en sal.

12. El nacimiento de «Risa»

GÉNESIS 21, 22

Dios cumplió su promesa. Abraham y Sara tuvieron un hijo. Ellos le pusieron por nombre Isaac, lo cual significa «risa», tal y como Dios les dijo que hicieran. Este era el hijo prometido. Mientras Isaac crecía, Abraham lo amaba cada vez más.

En esa época, Abraham y todos los demás que amaban a Dios mostraban ese amor al darle a Dios una ofrenda. Esta ofrenda sería la mejor y la más valiosa posesión que tuvieran.

Por lo general, se trataba de un cordero o de una cabra^G que seleccionaban con mucho cuidado. Lo matarían y lo pondrían sobre un altar.

Abraham iba a ser el padre de una gran nación. Dios quería estar seguro que Abraham confiaría en Él y lo obedecería sin quejarse. A menos que Abraham pudiera confiar y obedecer, no podría ser un buen líder.

Así que, un día, Dios probó a Abraham con la prueba más difícil que uno se pudiera imaginar.

Abraham iba a tener que hacer de su único hijo, Isaac, una ofrenda. ¡Qué terrible dolor había en el corazón de Abraham! ¿Cómo podía hacer esto? ¿Cómo no podía hacer esto?

«Vamos, Isaac, iremos a la montaña para hacerle una ofrenda a Dios», le dijo Abraham a su pequeño hijo. En el camino, Isaac recogió la madera para quemar la ofrenda. Abraham llevaba un cuchillo y un poco de fuego.

«¿Dónde está el animal de la ofrenda?», preguntó Isaac.

«No te preocupes, hijo, Dios proveerá uno», respondió Abraham.

Y Dios lo hizo. Justo cuando Abraham levantaba el cuchillo para quitarle la vida a Isaac, Dios habló: «¡Abraham! ¡Un momento! No le hagas daño a tu hijo. Veo que confías en mí y me obedeces por completo. Mira allí a ese arbusto^G».

Abraham miró y vio un carnero^G enredado por sus cuernos. «¡Ahí está nuestra ofrenda!», dijo él con alegría. Abraham llamó a ese lugar «El Señor proveerá».

13. Esaú, Jacob y un plato de sopa
GÉNESIS 24–25

Dios cumplió su promesa. Abraham y Sara tuvieron un hijo. Ellos le pusieron por nombre Isaac, lo cual significa «risa», tal y como Dios les dijo que hicieran. Este era el hijo prometido. Mientras Isaac crecía, Abraham lo amaba cada vez más.

Ahora, Isaac era un hombre adulto. Ya era hora de casarse. Abraham lo ayudó a encontrar una bella muchacha llamada Rebeca.

Isaac y Rebeca estaban felices juntos. Tenían dos varones que nacieron el mismo día. Ellos les pusieron por nombre Esaú y Jacob. Esaú nació solo unos minutos antes que Jacob. Esto significaba que Esaú, el hermano mayor, un día recibiría la mayor parte del dinero, las tierras y los animales de la familia.

Cuando los muchachos crecieron, a Esaú le gustaba salir a los campos y cazar animales. Jacob prefería quedarse en casa y ayudar a su madre. A Rebeca le agradaba más Jacob que Esaú. En realidad, ella hubiera querido que Jacob hubiera nacido primero, para que él pudiera recibir más. Jacob deseaba eso también.

Un día, Jacob había cocinado una gran olla^G de una sopa espesa y que olía muy bien. Esaú regresó a casa de los campos. Él estaba muerto de hambre.

—Dame un poco de esa sopa —suplicó Esaú—. ¡Estoy a punto de morir de hambre!

Jacob vio la oportunidad de conseguir lo que él quería.

—Te daré un poco de sopa si tú me das algo —respondió Jacob.

—¿Qué es lo que quieres? —le preguntó Esaú.

—Quiero que me des el derecho de obtener la mayor parte cuando muera nuestro padre —dijo Jacob.

—¿Por qué no? —dijo Esaú después de pensarlo—. Me moriré de todos modos si no consigo algún alimento.

Esaú estuvo de acuerdo en hacer lo que quería Jacob. Cambió algo que era mucho más valioso solo por un plato de sopa.

14. Jacob aprende de la manera más dura
GÉNESIS 27–29

En cada hogar, el hijo mayor recibía una bendición especial del padre antes de morir.
Jacob no era el hijo mayor, pero él deseaba la bendición. No estaba satisfecho con el trato que hizo con Esaú para conseguir la riqueza de la familia. Él quería la bendición también. Así mismo, su madre deseaba que él la tuviera.

Isaac ya era muy viejo. Había llegado el momento de bendecir a Esaú. Jacob y su madre se pusieron de acuerdo para engañar a Isaac. Hicieron un plan para hacerle creer a Isaac que Jacob era Esaú.

Isaac estaba casi ciego y el engaño dio resultado. El día que Isaac llamó a Esaú para que viniera a recibir la bendición, Jacob llegó primero. Mintió y dijo: «Aquí estoy, padre, soy Esaú. Por favor, dame tu bendición».

Isaac bendijo a Jacob y le dijo que un día se le daría la Tierra Prometida.

Cuando Esaú se enteró cómo Jacob lo engañó, dijo: «Cuando muera mi padre, mataré a Jacob».

Rebeca le dijo a Jacob: «Esaú está tan enojado que planea matarte. Es mejor que te marches de aquí». Rebeca ayudó a Jacob para que escapara. Ella dijo: «Ve a casa de mi hermano Labán, en Harán, hasta que Esaú se calme».

Jacob se fue en seguida. Su madre nunca lo volvió a ver.

Jacob viajó hacia Harán. Esa noche durmió con una piedra debajo de su cabeza. Él tuvo un sueño. Vio ángeles que subían y bajaban de la tierra al cielo. Dios le habló a Jacob y Jacob tuvo miedo. Él

le prometió a Dios que cambiaría y que comenzaría a adorar a Dios. Él hizo una promesa muy seria. Dios aceptó su promesa y le dijo: «Tú serás parte de la gran nación que dije que vendría de Abraham».

En Harán, a Jacob lo engañaron. Trabajó siete años para conseguir la esposa que quería. Se llamaba Raquel. A Jacob le hicieron trampa y le dieron la hermana mayor de Raquel llamada Lea. Entonces, Jacob tuvo que comenzar de nuevo y trabajar siete años más por Raquel, la que él amaba. Jacob aprendió lo doloroso que es el engaño.

Pasaron veinte años. Jacob tuvo muchos hijos, pero José era el que más amaba.

15. El perdón de
un hermano enojado

GÉNESIS 32–33

Jacob quería regresar a Canaán. Tomó todo lo que tenía y comenzó a viajar de regreso a la tierra donde creció.

Jacob se preguntaba: «¿Esaú estará todavía enojado conmigo?». Jacob ya sabía que engañar a su hermano era algo muy malo. Estaba arrepentido, pero quizá Esaú deseara matarlo aún.

«Le enviaré un mensaje a Esaú», decidió Jacob. «Le diré que regreso. Le diré que estoy arrepentido». Los que llevaron el mensaje volvieron y le dijeron a Jacob: «Tu hermano viene a encontrarse contigo. Tiene cuatrocientos hombres con él».

Jacob se asustó de verdad. Dejó a su familia en un lugar seguro. Preparó un regalo para dárselo a Esaú. Esa noche se fue solo para hablar con Dios. Él oró: «Oh, Dios, le tengo miedo a Esaú. Por favor, no permitas que mate a las madres y a los hijos. He hecho muchas cosas malas en contra de mi hermano. Siento haberlo engañado. Me deben castigar, pero pido misericordia».

Un Hombre vino a luchar^G con Jacob. Toda la noche estuvieron luchando.

—Suéltame —le dijo el Hombre—. Ya viene la mañana.

—No —dijo Jacob—. No te soltaré hasta que ores para que me vengan cosas buenas.

—¿Cómo te llamas? —le preguntó el Hombre.

—Me llamo Jacob. Esto significa uno que engaña a otros. Ese es el tipo de hombre que soy —confesó Jacob.

—Ya no te llamarás más Jacob. Ahora te llamarás "Israel". Entonces, el Hombre lo bendijo.

Cuando Jacob se quedó solo, se dio cuenta de lo que había pasado. Se había encontrado con Dios. Él llamó a aquel lugar Peniel, lo cual significa «el rostro de Dios».

Ya era hora de encontrarse con Esaú. Jacob no sabía lo que le esperaba. Jacob se arrodilló ante Esaú mientras todavía había alguna distancia entre ellos. Esaú corrió a su hermano y lo abrazó, lo besó y lo perdonó. Después de veinte años, serían amigos de nuevo.

16. José, el más amado
GÉNESIS 37

Jacob, también llamado Israel, regresó a Canaán. En el camino, Raquel dio a luz a Benjamín, pero ella murió. Jacob estaba muy triste. Él había amado mucho a Raquel.

Jacob fue a ver a su padre que estaba muy anciano. Al poco tiempo, Isaac murió. Esaú decidió mudarse con su familia a Edom. Jacob y sus doce hijos se quedaron en Canaán.

Es una mala idea para un padre amar a un hijo más que a los otros. Jacob debería haber sabido eso. Su propia madre lo había amado más. Esto había causado un montón de problemas. Aun así, Jacob amaba más a un hijo y ese era José.

Cuando José tenía diecisiete años, él cuidaba las ovejas^G con sus hermanos. No sabemos lo que hacían los hermanos, pero debe haber sido muy malo. José se fue a casa y le dijo a su padre lo malos que eran ellos. Esto hizo que los hermanos se enojaran mucho.

El padre Jacob hizo una túnica de muchos colores bellos y se la regaló a José. A los otros hermanos no les dio ninguna. Los hermanos odiaban a José y no podían decirle ni una palabra amable.

Los sueños de José empeoraron la situación. Nunca se los debió contar a sus hermanos. Sin embargo, lo hizo.

José dijo: «He tenido un sueño que no comprendo. Soñé que estaba recogiendo trigo en el campo. Mi manojo^G de trigo se levantó. Todos los manojos de ustedes se arrodillaron delante del mío».

Sus hermanos le gritaron: «¿Qué? ¿Qué estás diciendo? ¿Es que tú vas a ser nuestro gobernador? ¿Es que nos vamos a arrodillar delante de ti? ¡Imposible!».

Benjamín era muy pequeño para saber lo que estaba pasando, pero los otros hermanos odiaban cada vez más a José.

17. Venden a José
GÉNESIS 37

Los diez hijos mayores de Jacob cuidaban todas las ovejas y los animales. José, el hijo más amado, y Benjamín se quedaban en casa.

Los hermanos mayores estaban con las ovejas en Dotán. Habían estado fuera de casa por un largo tiempo. Un día, Jacob llamó a José. «Hijo, ve y busca a tus hermanos. Quiero saber si todo está bien con ellos». José se marchó.

Los hermanos levantaron la vista y vieron a José en la distancia. «¡Bueno, bueno! Miren quién viene. Es el que viste una bella túnica y que tiene sueños raros. Vamos a alejarlo para siempre. Vamos a matarlo y lanzar su cuerpo en este pozo profundo y seco. Luego, veremos lo que pasa con sus sueños».

Rubén, el hermano mayor, no quería matarlo. Él dijo: «Vamos a capturarlo y a ponerlo en el pozo. Con el tiempo, morirá, pero no veremos su sangre». Rubén esperaba poder encontrar una manera de rescatar a José en secreto.

Los hermanos apresaron a José, le quitaron su túnica y lo lanzaron en el pozo profundo. Luego, se sentaron para almorzar. Quizá fuera la comida que les llevó José de casa. Después

se pusieron a trabajar. Rubén se fue para encargarse de algunos animales que se habían perdido.

Los hermanos vieron una nube de polvo en el desierto. Sabían que los comerciantes pasaban montando en sus camellos. Se dirigían a Egipto, una tierra muy lejana.

Un hermano tuvo una idea: «¿Por qué no les vendemos a José a los comerciantes? Él puede ser un esclavo en Egipto. ¡Podemos hacer algún dinero!». Así que, sacaron a José del pozo y lo vendieron por veinte piezas de plata. «¡Esto se acabó!», dijeron felices los hermanos. «¡No lo veremos nunca más!»

Rubén regresó y descubrió lo que habían hecho. «¿Qué le diremos a nuestro padre?», gritó. Los hermanos respondieron: «Mataremos a un animal. Pondremos su sangre en la túnica de José. Se la daremos a nuestro padre y le diremos que un animal salvaje se lo comió».

Ellos se fueron a casa y le dieron a Jacob la túnica de muchos colores. «¿Es esta la túnica de José o no?», le preguntaron. «Es la túnica de mi hijo. De seguro, a José lo despedazó algún animal salvaje. Descenderé a la muerte con dolor por mi hijo», se lamentó Jacob.

Muy lejos, José fue vendido a un hombre muy importante, llamado Potifar, quien estaba relacionado con el palacio del rey de Egipto.

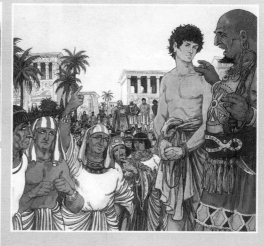

18. José va a prisión
GÉNESIS 39

En Egipto, José trabajaba muy duro en la casa de Potifar. Él era de fiar. Potifar podía confiar en él. José era fuerte y bien parecido.

Había una mujer a quien le gustaba José. A ella le gustaba demasiado. Le suplicó a José que fuera como un esposo para ella. Sin embargo, ya ella tenía un esposo... ¡y era Potifar!

«¡No!», le dijo José. «Nunca haré lo que quieres. Tu esposo confía en mí. Yo no puedo traicionarlo».

¡La esposa de Potifar estaba muy enojada! Ella dijo mentiras acerca de José y lo metieron en la cárcel. Pero incluso allí, Dios ayudó a José. Él escuchó a dos hombres hablar acerca de sus sueños. Dios le dijo a José lo que querían decir y él se lo dijo a los hombres. Y tal como lo dijo, a un hombre lo llevaron de nuevo a trabajar en la casa del rey. Al otro lo condenaron a muerte.

Dos años más tarde, el rey tuvo unos sueños extraños. El hombre que estuvo en la cárcel dijo: «Conozco a un hombre que puede decirle lo que significan sus sueños».

A José lo sacaron de la cárcel. Él escuchó al rey. Luego, dijo: «Esos sueños significan que durante siete años Egipto tendrá maravillosas cosechas. Habrá mucho alimento. Después, habrá siete años cuando habrá pocas cosechas. Es mejor almacenar alimentos cuando haya abundancia».

«Tú eres el hombre para hacer este trabajo», dijo el entusiasmado rey. Él puso a José a cargo de todo el alimento. Lo hizo el segundo hombre más poderoso solo después del mismo rey.

Todo sucedió tal y como dijo José que sería. Durante siete años hubo tanto grano que José tuvo que construir lugares mayores para guardarlo.

Sin embargo, cuando llegaron los siete años malos, fueron muy malos. No había cosechas en Egipto. No había cosechas en ninguna parte. En todos los lugares la gente estaba cada vez más hambrienta.

19. ¿Ese podría ser José?

GÉNESIS 42–46

En Canaán, un hombre que tenía once hijos comenzó a preocuparse. «¿Qué haremos para la comida?», se preguntaba Jacob. Él escuchó a la gente hablar acerca de lo afortunada que era la gente de Egipto. Alguien allí había guardado granos por siete años. Ahora, ellos tenían más que suficiente.

Al final, Jacob les dijo a sus hijos: «Vayan a Egipto y vean si esto es cierto. Si es así, traigan granos. Vayan todos, menos Benjamín».

En Egipto, José supo al instante quiénes eran los

diez hombres de Canaán. Los hermanos no reconocieron a José. Él era mucho mayor y vestía las ropas de Egipto.

—Ustedes son espías —los acusó José.

—¡No! Nosotros somos los diez hijos de Jacob de Canaán. Tenemos otro hermano en casa. Uno de nuestros hermanos murió.

—Veré si ustedes están diciendo la verdad —dijo José—. Los meteré en la cárcel. Uno puede regresar para que venga el hermano menor.

Después de tres días, José cambió de idea: «Vayan y traigan a su hermano. Solo dejaré a uno de ustedes en la cárcel. Tomen esos sacos de granos y márchense. No regresen sin el hermano menor».

¡En qué problema estaban los hermanos! «Dios nos está castigando porque vendimos a José», dijo uno. Rubén les recordó: «Yo les dije que no le hicieran daño. ¡Ahora vean en qué dificultades estamos metidos!».

José podía entender cada palabra que estaban diciendo.

Allá en Canaán, Jacob les dijo a los hijos que nunca dejaría que Benjamín fuera a Egipto. «Ya perdí a un hijo; no perderé a otro», dijo.

Pero con el tiempo, se acabó todo el grano. El hambre era grande. Así que, al final, Jacob les dijo a los hijos que podían ir a Egipto, que llevaran a Benjamín y que consiguieran más granos.

Cuando llegaron, los hombres se arrodillaron delante de José y le dijeron que habían venido por más alimento y que este era su hermano menor.

Imagina su sorpresa cuando el segundo hombre más poderoso de Egipto les anunció a los once hombres: «Yo soy su hermano José». Imagina lo asustados que estaban los hermanos. Imagina lo felices que estaban cuando José les dijo: «Ustedes querían hacerme daño, pero Dios me protegió para que yo pueda hacerles bien a ustedes. Los perdono.

»Regresen y díganle a mi padre que estoy vivo. Tráiganlo aquí. ¡Háganlo rápido!».

20. ¡Juntos de nuevo!

GÉNESIS 46–47

Faraón, el rey, se enteró que los hermanos de José estaban en Egipto. ¡A él le agradó!

Faraón le dijo a José: «Diles a tus hermanos que tomen tanto grano como puedan llevar. Vayan a la tierra de Canaán. Traigan a sus familias y a tu padre, y regresen a mí. Yo les daré lo mejor de la tierra de Egipto».

José fue bueno con sus hermanos. Les dio lo que necesitarían para el viaje. Les dio ropas nuevas. Envió diez asnos cargados de grano y pan, y muchísimas cosas más.

Los once hermanos salieron de Egipto. Ellos eran más ricos de lo que nunca habían esperado ser. Estaban más felices de lo que jamás habían sido. José los había perdonado. Ahora, le confesarían su mentira a su padre y le pedirían su perdón.

Jacob se asomó y vio regresar a sus hijos. ¿Qué traían? ¡Había muchísimo de todo!

—Padre, tenemos que hacerte una confesión. Pero primero, queremos darte las mejores noticias que hayas escuchado jamás. ¡José está vivo!

—¿Qué? ¡Ustedes dicen que José está vivo! Entonces, ¿cómo puede ser esto? Yo tengo la túnica ensangrentada.

Sus hijos le contaron todo lo que pasó años antes. Ellos le dijeron lo arrepentido que estaban y le pidieron que los perdonara. También le dijeron todo lo que había sucedido en Egipto. Jacob miró todo lo que José le mandó.

—Creo lo que me dicen —les dijo—. Mi hijo José está vivo todavía. Iré a verlo antes de que yo muera.

Un mensajero fue primero a decirle a José que había llegado su padre. Cuando se encontraron, se abrazaron el uno al otro y lloraron por mucho tiempo. Dios los había reunido de nuevo.

Faraón les dio a Jacob, a sus hijos y a sus familias un buen lugar para vivir. La familia de Jacob se hizo rica. Ellos llegaron a ser un número muy grande.

21. Un bebé en una cesta
ÉXODO 1, 2

Jacob y José murieron, pero sus familias siguieron creciendo.

Después que pasaron muchos años, hubo un nuevo rey en Egipto que no sabía nada de José. Él vio que había muchos israelitas y tuvo miedo. Pronto, ¡habría más israelitas que egipcios! Quizá llegarían a ser tan poderosos que lucharían contra Egipto.

¡Había que hacer algo! Lo que hizo el rey de Egipto fue terrible. Ordenó que a todos los niños de las familias israelitas los mataran en cuanto nacieran. «¡Láncenlos al río!», dijo.

Una familia tenía un hijo mayor llamado Aarón y una niña llamada Miriam. Entonces, les nació un niño varón. ¡Ellos lo amaban muchísimo! Lo escondieron durante tres meses, pero luego creció tanto que ya no lo pudieron ocultar por más tiempo.

«Sé lo que haré», dijo la madre. Ella hizo una cesta^G de plantas fuertes. La cubrió con asfalto^G. Puso al bebé dentro de la cesta, cerró la tapa y se sentó a la orilla del río. Luego, llamó a la hermana mayor.

«Miriam, quédate aquí y vigila a tu hermanito», dijo la madre. «Vamos a ver lo que pasa».

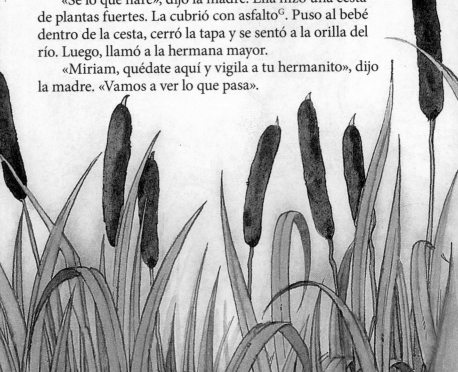

Ese mismo día, la hija del rey vino al río para darse un baño[G]. Ella vio la cesta. «¿Que es eso?», les preguntó a sus siervas[G]. Ellas tomaron la cesta. Cuando la abrieron, el bebé lloró. La hija del rey lo amó al instante.

En ese momento, Miriam salió de su escondite y dijo: «Si quiere, yo puedo encontrarle una mujer que lo cuide por usted». Lo acordaron y Miriam fue a su casa para traer a su propia madre.

Todo el mundo le preguntó a la hija del rey: «¿Cómo vas a llamar al bebé?». Ella dijo: «Lo llamaré Moisés porque lo saqué del agua».

22. Moisés huye
ÉXODO 2

Moisés creció en el palacio del rey, pero él sabía que los israelitas eran su verdadera familia. Su madre le había contado acerca de su nacimiento y que lo ocultaron por tres meses. Le contó acerca de la cestita y de cómo la hija del rey lo descubrió cuando vino al río a darse un baño. Ella se rió cuando le dijo cómo Miriam había encontrado una madre para que lo cuidara.

Le habló acerca de Abraham, Isaac, Jacob y José. También le habló acerca de Dios.

Cuando Moisés era un hombre, a menudo salía del palacio y veía muchas cosas. Veía que los israelitas eran esclavos. Ellos eran pobres y tenían hambre. Veía que los egipcios eran crueles. Golpeaban a los israelitas y siempre decían: «¡Trabajen duro! ¡Hagan más!».

Un día, Moisés vio a un egipcio que golpeaba a un anciano israelita. El egipcio le ordenaba: «¡Levántate, haragán! ¡Párate y trabaja!».

«No puedo. Mis piernas están muy débiles. Tengo hambre. No tengo fuerzas», dijo llorando el israelita. El egipcio siguió golpeándolo.

Moisés estaba tan enojado que atacó al egipcio. Moisés lo golpeó tan duro que lo mató. Moisés escondió el cuerpo. Miró de un lado a otro y esperaba que nadie hubiera visto lo que había hecho.

Sin embargo, ¡alguien lo había visto! Cuando el rey se enteró de esto, trató de encontrar a Moisés, a fin de poder matarlo. Moisés sabía que había llegado el momento de escapar. Por lo tanto, huyó a la tierra de Madián.

23. Una zarza que arde
ÉXODO 3–4

Moisés huyó a Madián después que mató al egipcio. El viaje fue largo y difícil. Cuando llegó, se sentó junto a un pozo para descansar.

Las siete hijas de un sacerdote de Madián vinieron al pozo, a fin de sacar agua para sus ovejas. Algunos hombres también vinieron y trataron de hacer que se fueran las hermanas. Moisés ayudó a las hermanas a sacar agua para sus animales. Las hermanas estaban agradecidas de Moisés y lo invitaron para que fuera a conocer a su padre. Al padre le agradó Moisés y le pidió que se quedara.

Eso fue lo que sucedió para que Moisés viviera en Madián, cuidara las ovejas y se casara con una de las hermanas. Allá en Egipto el pueblo estaba sufriendo. Ellos estaban clamando a Dios para que enviara a alguien que los liberara.

Un día, Moisés estaba cuidando sus ovejas en la montaña. Vio una zarza que estaba ardiendo.

«Qué raro», pensó Moisés. «La zarza está ardiendo, pero no se quema».

Él se acercó. Escuchó una voz fuerte diciendo: «Moisés, quítate los zapatos. Esta es una tierra santa». Moisés se quitó sus zapatos y escuchó.

—Yo soy el Dios de tus padres Abraham, Isaac y Jacob —le dijo Dios—. He visto el sufrimiento de mi pueblo en Egipto. Llegó la hora de liberarlos. Yo te envío, Moisés, para que seas su líder. Tú los sacarás de Egipto.

—¿Quién soy yo para que vaya y salve al pueblo de Israel? —dijo Moisés—. Yo no hablo bien. He estado cuarenta años fuera de Egipto. Nadie me conocerá. Nadie me escuchará.

—Yo estaré contigo —le dijo Dios—. Además, Aarón, tu hermano mayor, te ayudará. Ahora es el momento de ir.

Así que Moisés regresó a Egipto.

24. El faraón no escuchará
ÉXODO 7–10

A los reyes de Egipto se les llamaba faraones. Cuando Moisés regresó a Egipto, él y Aarón fueron de inmediato al palacio. Ahora, un nuevo faraón era el gobernador. Él no conocía a Moisés ni lo escucharía.

Moisés le dijo al faraón que liberara al pueblo israelita.

—¡No! ¡No los liberaré! —respondió el faraón.

—Queremos ir al desierto para adorar a Dios. ¡Permítanos ir! —le insistió Moisés.

—¡Nunca! —gritó el faraón—. Tú quieres sacar a la gente de su trabajo. Los necesito para que hagan ladrillos^G para construir mis grandes ciudades. Ahora, haré que sea más difícil para ellos. Ahora, ellos deben encontrar su propia paja^G para hacer los ladrillos, pero la cantidad de ladrillos no debe ser menor que antes.

Esto dio lugar a que Israel sufriera mucho más.

Nueve veces Moisés le rogó al faraón que dejara ir al pueblo. Dios hacía que sucedieran cosas malas en Egipto para mostrarle su poder al faraón. Aquí están las nueve cosas malas llamadas plagas^G que sucedieron en Egipto:

1. Toda el agua se convirtió en sangre.
2. Miles de ranas vinieron a Egipto.
3. El polvo se convirtió en insectos.
4. Millones de moscas descendieron a la tierra.
5. Una enfermedad mató a los animales de los egipcios.
6. La gente tenía una enfermedad muy mala en la piel.
7. Fuego y hielo cayeron del cielo.
8. Los insectos llamados langostas^G se comieron todas las cosechas.
9. Una gran oscuridad cubrió la tierra de los egipcios.

Algunas veces, cuando sucedían las cosas malas, el faraón diría: «Sí, pueden irse». Entonces, cuando Dios les quitaba la cosa mala, el faraón cambiaría de idea y diría: «No, ustedes nunca se pueden ir».

Al final, Moisés le dijo al faraón: «Dios me dijo que Él le traerá de nuevo un problema a Egipto. Será terrible. Después de eso, Faraón, usted le suplicará a los israelitas que se marchen».

¿Cuál sería la décima cosa mala?

25. ¡Libres al fin!
ÉXODO 11–12

Moisés fue al faraón una vez más y le dijo: «Esto es lo que dice Dios: "A medianoche, yo pasaré por Egipto y morirá el primer hijo de cada casa. Esto incluye tu casa, Faraón».

Dios le había dado también un mensaje para su pueblo. Él envió a Moisés y Aarón para que les dijeran lo que pasaría. Les dijo qué hacer para estar a salvo.

Primero, debían matar un cordero^G de un año sin defecto.

Luego, debían tomar la sangre del cordero y poner un poco en la parte superior y en los dos lados de su puerta principal.

Después, debían cocinar el cordero y comerlo con algunas hierbas^G de sabor amargo. Además, tenían que comer un poco de pan duro especial. Todo tenía que comerse esa noche. No se podía guardar nada para el día siguiente.

Dios le dijo a su pueblo que cada año debía tener una cena como esta. Eso les ayudaría a recordar lo que Dios había hecho por ellos. Se le llamaría la Cena de la Pascua.

A continuación, Dios le hizo una maravillosa promesa a su pueblo. «Cuando pase por la tierra a medianoche, veré la sangre en sus puertas. Yo sabré que ustedes han obedecido y han confiado en mí. Entonces, pasaré de largo por sus casas y sus hijos mayores estarán a salvo».

Sucedió tal y como Dios dijo que sería. Hubo gritos de llanto en la tierra de Egipto, más de lo que nunca antes habían escuchado. Murió el primer hijo de cada casa en Egipto, incluyendo el hijo del faraón. Sin embargo, el pueblo de Dios estaba a salvo.

El faraón llamó a Moisés y Aarón esa noche y gritó: «¡Salgan de Egipto! ¡Váyanse! Tomen todo lo que tienen. Vayan a adorar a su Dios y oren por mí también».

¡Los israelitas se fueron al fin!

26. La huida a través del mar
ÉXODO 14

Moisés y el inmenso número de israelitas salieron de Egipto. Ellos iban hacia la tierra que Dios había prometido que sería suya. Ya no eran esclavos. Era maravilloso estar libres. Viajaron durante días con gozo en sus corazones.

En el palacio de Egipto, el faraón estaba triste. Su hijo había muerto. Además, estaba muy enojado. El faraón no solo había perdido a su hijo, sino que había perdido también a sus esclavos. ¡No podía permitir que pasara esto!

El faraón llamó a su ejército y anunció: «Todos nuestros trabajadores valiosos se han marchado con ese Moisés. ¡Debemos ir y traerlos de regreso!».

De inmediato, el ejército reunió sus caballos, sus carros^G y sus armas. Se fueron rápidamente. El faraón los iba guiando.

Los israelitas se dirigían hacia la Tierra Prometida. Ellos se detuvieron para descansar. Alguien volvió la vista atrás al desierto por el que habían viajado y vio una nube de polvo que venía hacia ellos.

«¡Ah! ¡No!», dijo Moisés. «¡Hay egipcios en esa nube de polvo! Vienen para atraparnos y llevarnos de regreso a Egipto para ser esclavos».

El pueblo estaba enojado y temeroso. Ellos culparon a Moisés: «¡Mira lo que tú has hecho! ¡Observa! Hay montañas a ambos lados de nosotros. El Mar Rojo está delante de nosotros. Los egipcios están detrás de nosotros. ¡No hay escape! Tú nos has traído aquí para morir».

«No se preocupen», dijo Moisés. «Dios cuidará de nosotros».

Moisés se paró junto al mar con su vara y levantó su mano sobre las aguas. El gran poder de Dios comenzó a obrar. Toda la noche sopló un viento fuerte del este y Dios hizo un camino de tierra seca por el centro del Mar Rojo. Dios puso una nube inmensa entre los israelitas y el ejército de Egipto. Todo el pueblo de Dios atravesó sin peligro el Mar Rojo.

Cuando el ejército persiguió al pueblo de Dios, Él hizo que las aguas del Mar Rojo fluyeran de nuevo y cubrieran a los egipcios. Ninguno de ellos quedó vivo.

El pueblo de Israel continuó su viaje cantando una canción de alabanza a Dios.

27. Los dedos acusadores
ÉXODO 15–17

Moisés y los israelitas viajaron durante tres días por el desierto. Ellos dejaron de cantar su canción de victoria. Estaban cansados. Todo el mundo necesitaba beber agua.

En un lugar llamado Mara, encontraron agua, pero no la podían beber. Estaba amarga.

El pueblo señaló con el dedo a Moisés y dijo: «¿Qué podemos beber?».

Dios le mostró a Moisés cierto árbol. «Tira esto en el agua y entonces puedes beberla». Moisés lo hizo y todo el mundo tuvo una buena agua para beber.

Ellos siguieron viajando bajo el sol ardiente. Se había acabado toda la comida que habían traído con ellos. No había nada que comer en el desierto. Todo el mundo estaba hambriento.

El pueblo señaló con el dedo a Moisés y le preguntó: «¿Nos has guiado por todo este camino para matarnos de hambre? ¿Qué vas a hacer?».

Moisés clamó a Dios por ayuda. Dios dijo: «Cada mañana, enviaré pan del cielo. El pan aparecerá cuando el rocío^G se seque cada mañana. Serán pequeñas piezas blancas parecidas a la nieve. Recojan solo lo que puedan usar en un día. En el sexto día, recojan suficiente para el séptimo día, el cual es el día de descanso».

Los israelitas comieron este pan del cielo durante cuarenta años.

Mientras los israelitas viajaban, siempre tuvieron el pan, pero algunas veces era difícil conseguir agua.

En un lugar llamado Refidim, el pueblo señaló con el dedo a Moisés y dijo: «Tú tienes la culpa por habernos traído de Egipto. Moriremos si no conseguimos agua. ¿Qué vas a hacer?».

Dios le dijo a Moisés que tomara su vara y que golpeara una roca grande. Cuando Moisés hizo esto, el agua salió de la roca. Hubo suficiente para que todo el mundo bebiera lo que quisiera. El pueblo dejó de señalar con el dedo... al menos por un tiempo.

28. Los Diez Mandamientos
ÉXODO 19–20

El pueblo de Israel siguió en sus viajes. Llegaron a una montaña llamada Sinaí.

Dios le dijo a Moisés: «Recuérdale al pueblo que lo he traído de Egipto porque lo amo. Quiero hacerlo una gran nación. Quiero que sea mi pueblo especial. Deseo darles buenas reglas, a fin de ayudarlos a vivir bien. Diles que preparen sus corazones para que me escuchen».

Moisés le dio al pueblo el mensaje de Dios. En la mañana del tercer día hubo relámpagos y truenos[G]. El pueblo vino y se paró al pie de la montaña. La montaña se sacudió y se cubrió de humo.

Dios le dijo a Moisés que subiera a la cima de la montaña. Allí le dio a Moisés los Diez Mandamientos. Dios los escribió en una tabla de piedra lisa.

1. No adorarás nada ni a nadie, sino a mí.
2. No harás ningún ídolo, ni representación, ni imagen para rendirle adoración.
3. Mi nombre es santo. Pronuncia mi nombre con respeto.
4. Haz tu trabajo en seis días. Guarda el séptimo día para mí.
5. Honra a tu padre y a tu madre.
6. No mates.
7. No rompas las promesas que hiciste cuando te casaste.
8. No robes.
9. No digas mentiras.
10. No permitas que tu corazón desee algo que le pertenece a otra persona.

Estas diez reglas buenas nos dicen cómo actuar para con Dios y cómo tratar a las demás personas.

29. Un ídolo hecho de oro

ÉXODO 31–34

Moisés se quedó en la montaña llamada Sinaí por más de un mes. Habló con Dios acerca de muchas cosas. Entonces, llegó el momento de regresar al pueblo y decirle todo lo que dijo Dios. Moisés comenzó a bajar de la montaña llevando las grandes tablas de piedra en la que Dios escribió los Diez Mandamientos.

La gente había esperado y esperado. Suponía que Moisés iba a regresar después de dos o tres días. Él había estado ausente durante más de un mes. Al ver que no llegaba, comenzaron a preocuparse.

Fueron a Aarón y le dijeron: «Algo le ha pasado a Moisés. Él no va a volver. Ahora, no tenemos a nadie que nos diga qué hacer. No tenemos un líder ni a Dios. Debemos hacer un dios que podamos ver».

Al final, Aarón estuvo de acuerdo. «Denme todo el oro que tengan». Él sabía que el pueblo había tomado una gran cantidad de oro de los egipcios. Él derritió el oro e hizo un becerro[G]. El pueblo tuvo un banquete, se emborrachó, cantó muy fuerte y danzó. Ellos adoraron el ídolo que se parecía a un becerro.

Moisés volvió y vio todo lo que estaban haciendo. Se enojó tremendamente. Lanzó al suelo las tablas de piedras con los Diez Mandamientos y se rompieron. Él derritió el ídolo hecho de oro. Cuando el oro estuvo duro, lo molió y lo hizo polvo. Puso el polvo en el agua y obligó a la gente que lo bebiera.

El pueblo vio lo enojado que estaba Moisés. Sabían que lo decepcionaron en serio. Sabían que habían pecado muchísimo contra Dios. Ellos se arrepintieron y les pidieron a Dios y a Moisés que los perdonaran.

Dios le dijo a Moisés que subiera a la montaña una vez más. Allí Dios hizo otro pacto con Moisés. Dios le dijo que Él haría grandes cosas por su pueblo si confiaba en Él y lo obedecía.

Dios escribió de nuevo los Diez Mandamientos. Cuando Moisés regresó al pueblo, su rostro estaba brillando debido a que había estado con Dios.

30. Una Casa para Dios
ÉXODO 35–39

Los ojos de los hombres no pueden ver a Dios. Por lo tanto, a los israelitas les era fácil olvidarlo. Dios le dijo a Moisés que si el pueblo tuviera un lugar en el cual adorar, los ayudaría a recordar.

«Haz una tienda^G especial que se llamará la Casa de Dios. Debe hacerse de modo que pueda transportarse cuando viajen. Te diré cómo construirla», le dijo Dios.

Dios le dio instrucciones exactas a Moisés de cómo hacer la casa de Dios. Le aclaró cada detalle.

Moisés le anunció al pueblo: «Dios quiere que le construyamos un lugar especial. Este lugar nos recordará que Dios está siempre con nosotros, aun cuando no podamos verlo. Debe hacerse de los mejores materiales. La obra debe realizarse con mucho cuidado. ¿A alguien le gustaría ayudar?».

La gente estaba feliz por ayudar.

Dentro de la Casa de Dios había dos espacios. En el más pequeño había una caja grande hecha de oro. Dentro de la caja pusieron las tablas de piedra con los Diez Mandamientos y algunos panes del cielo. Más tarde, pondrían también la vara que Moisés usó para abrir el Mar Rojo.

Este espacio en la Casa de Dios era muy santo. Nadie podía entrar, excepto el sumo sacerdote.

Dios le dijo a Moisés: «Sabrán que yo estoy con ustedes de dos maneras. Por el día, habrá una nube sobre la Casa de Dios. En la noche, habrá fuego en la nube. Vigilen la nube. Cuando llegue el momento de continuar el viaje, la nube se moverá y les mostrará el camino a seguir».

La casa de Dios se puso en el centro del campamento^G. A la hora de viajar, podía trasladarse con facilidad.

Los israelitas siempre podían ver la nube y el fuego. Cuando veían esas dos cosas, sabían que Dios estaba con ellos.

31. Aves y más aves
NÚMEROS 11

Moisés y el pueblo de Dios se quedaron en la montaña llamada Sinaí por unos dos años. Entonces, un día, la nube sobre la Casa de Dios se movió. Ellos supieron que era hora de viajar hacia la tierra que Dios les había prometido que sería suya.

Caminaron. Tuvieron hambre. Se cansaron. Olvidaron su promesa de confiar en Dios y obedecerlo.

«Me estoy muriendo de hambre», dijo un hombre. Luego, lo dijeron dos. Pronto, todos le estaban diciendo a Moisés: «Estamos hartos de este pan del cielo. Queremos algo más. ¡Queremos carne! ¡Haz algo, Moisés!».

«¡Ay, no! ¡Otra vez no!», pensó Moisés. Él estaba muy enojado con esas personas adultas que actuaban como niños.

Moisés fue a Dios y le dijo: «¿Por qué has puesto todos los problemas de estas personas sobre mí? Yo soy su líder, ¡pero no soy su padre! Ellos

me traen cada problema. Ahora, están diciendo: "Danos carne".
¿Dónde voy a conseguir carne? Yo no puedo conducir a todo este
pueblo solo».

Dios le dijo: «Moisés, ten calma. Dile al pueblo que ya viene la
carne. Ustedes no solo la comerán por un día, ni dos días, ni cinco
días, ni diez días, ni veinte días. Ustedes la comerán por todo un
mes. La comerán hasta que les salga por las narices y les dé asco».

Moisés le recordó a Dios: «Somos seiscientas mil personas.
Estamos en medio del desierto. No tenemos ganado para matar.
No hay mar para pescar».

Dios le respondió a Moisés: «¿Hay un fin para mi poder? ¡Tú lo
verás!».

Dios envió aves llamadas codornices^G en los vientos.
Había aves por todas partes. El pueblo recogió las
aves todo el día, toda la noche y todo el día
siguiente. Comieron tantas codornices que
la mayoría de ellos se enfermó y muchos
murieron.

Pasó muchísimo tiempo antes
que cualquiera hablara otra vez
de carne.

32. Los doce espías^G y lo que vieron

NÚMEROS 13–14

Dios le dijo a Moisés que enviara doce hombres a la tierra de Canaán. Esta era la tierra que Dios le había prometido a su pueblo. Los hombres irían a ver todo lo que pudieran observar y traer un informe.

Los espías regresaron después de cuarenta días.

—¡Tenemos buenas noticias! ¡La tierra es buena! Hay mucha comida. Miren las uvas que trajimos. Hacen falta dos hombres para cargar un racimo^G de ellas —dijeron Caleb y Josué.

—¡Tenemos malas noticias! Las personas que viven en Canaán son altas y fuertes. Las ciudades son muy grandes y tienen gruesas murallas. Nosotros somos demasiado débiles. No podemos pelear en su contra —dijeron los otros diez espías.

—Cierto y falso —dijeron Caleb y Josué—. Es cierto que los enemigos son fuertes, pero no es cierto que nosotros seamos débiles. Tenemos a Dios de nuestro lado. Él nos ayudará a tomar la tierra, la gente y las ciudades.

—¡No! —dijeron los otros diez espías—. Nosotros no podemos ir en contra de esta gente. Nos derrotarían.

El pueblo tenía miedo. Así que estuvo de acuerdo con los diez espías:

—Nos quitarán a nuestras esposas y a nuestros niños. Sería mejor que regresemos a Egipto —dijeron.

Solo Caleb, Josué, Moisés y Aarón querían ir. Solo ellos le creyeron a Dios. Una vez más, Dios estaba enojado con el pueblo. Él dijo: «¡Parece que ustedes nunca aprenden! Si confiaran en mí y me obedecieran, podrían entrar a la tierra prometida de inmediato. Sin embargo, debido a que no tienen fe en mí, los castigaré. Ahora, irán de un lugar a otro en el desierto durante cuarenta años: un año por cada día que los espías estuvieron en Canaán.

»Después de cuarenta años, todos ustedes que no han confiado en mí, morirán. De todo este grupo de personas, solo dos entrarán a la Tierra Prometida: Caleb y Josué, porque ellos confiaron en mí».

33. Serpientes por todas partes
NÚMEROS 21

Los israelitas habían estado muy cerca de la Tierra Prometida. Sin embargo, debido a que no confiarían en Dios, Él los envió de regreso al desierto. Todavía tenían que aprender muchas cosas.

Poco a poco, pasaron los cuarenta años. Las cosas cambiaron. Los jóvenes y las mujeres se hicieron adultos y tuvieron familias. Uno tras otro, los ancianos murieron. Pero una cosa no cambió: el pueblo seguía culpando a Moisés cada vez que pasaba algo malo.

En un lugar llamado Cades, el pueblo le exigió a Moisés que le diera agua. Dios le dijo a Moisés que reuniera al pueblo. Él dijo: «Moisés, la otra vez, tú golpeaste la roca y salió el agua. Esta vez, no golpees la roca. Solo háblale y el agua brotará». Moisés estaba muy cansado de este pueblo que siempre quería algo de él. ¡Estaba enojado!

Él no hizo lo que le dijo Dios. En lugar de hablarle a la roca, la golpeó, no una vez, ¡sino dos veces! ¡Moisés había desobedecido a Dios! Dios no estaba contento con Moisés. Siempre hay un precio que pagar por no obedecer. En ese momento, Moisés no podía imaginarse cuán alto sería ese precio.

Aarón y Miriam murieron en Cades.

El rey de Edom no les permitiría a los israelitas pasar por su tierra. Por lo tanto, Moisés tuvo que pasar por los alrededores de Edom. Fue un viaje largo y caluroso. Una vez más, llegaron a un lugar que no tenía agua. Una vez más, el pueblo le dijo a Moisés: «¿Por qué nos trajiste aquí para morir?». Los pocos que todavía podían recordar a Egipto dijeron: «Estamos hartos de esta vida. ¡Queremos regresar a Egipto!».

Dios estaba enojado con ellos. Él los castigó de una manera muy poco común.

«¿De dónde vienen todas esas serpientes de vivos colores?», preguntó un hombre. Estaban en el suelo. Estaban en las tiendas[G]. ¡Estaban en todas partes!

La gente gritaba: «Me ha mordido. Me voy a morir». Moisés oró por el pueblo como él había hecho muchísimas veces. Dios le dijo a Moisés que hiciera una serpiente de bronce[G] y la pusiera en una vara alta.

Quizá Moisés haya pensado: «¿Una serpiente? La última cosa que necesitamos es otra serpiente». Sin embargo, obedeció a Dios. Dios le dijo: «Cualquiera que mire a la serpiente en la vara no morirá».

34. Un final y un comienzo
DEUTERONOMIO 32–34

El largo tiempo de viaje llegó a su fin. Se acabó el castigo que duró cuarenta años. Moisés era muy anciano. Llegó el momento en el que terminaran su vida y su trabajo.

Él recordó la vez allá en Cades cuando desobedeció a Dios. Él le dijo a Moisés: «Debido a esto, no se te permitirá entrar a la Tierra Prometida. Se te permitirá verla, pero no podrás entrar».

Moisés reunió a todo el pueblo. Él quería hablarles una vez más. Pronto, los dejaría. Él quería recordarle muchas cosas.

Así que Moisés le habló al pueblo: «Recuerden a Egipto», les dijo. «Recuerden que ustedes eran esclavos. Recuerden que Dios los liberó. Recuerden la Pascua y el Mar Rojo. Recuerden el pan del cielo y el agua de la roca.

»Recuerden que Dios los bendecía cuando confiaban y obedecían. Recuerden que Él los castigaba cuando no obedecían».

Moisés le recordó al pueblo los Diez Mandamientos. «Guárdenlos y enséñenselos a sus hijos», dijo.

Él les dijo: «Josué será su nuevo líder. Él los llevará a la nueva tierra. Yo no voy a estar con ustedes».

Entonces, Moisés dijo: Voy a subir a la montaña. Quiero darle una mirada a la tierra en la que ustedes vivirán. Quiero estar a solas con Dios».

Arriba en la montaña, Moisés miró al otro lado del río y vio la Tierra Prometida. Él pensó en el pasado. Pensó en el futuro. Habló con Dios.

Entonces, Moisés murió. Dios lo enterró y nadie sabe dónde está su tumba. Él tenía ciento veinte años de edad.

35. Rahab y los espías
JOSUÉ 2

Josué se convirtió en el líder del pueblo de Israel. Él era un siervo fiel de Dios. Había ayudado a Moisés. El pueblo prometió seguir a Josué.

Ya era hora de entrar en la tierra de Canaán.

Josué llamó a dos hombres y les dijo: «Quiero que sean espías. Debo tener tanta información como sea posible antes de ir a la guerra con Canaán. Vayan a ver de lo que se pueden enterar. Regresen e infórmenme».

Los dos espías entraron en silencio en la ciudad de Jericó. Miraban y escuchaban. Ellos fueron a la casa de una mujer llamada Rahab.

Alguien vio a los dos extranjeros y le avisaron al rey. El rey les ordenó a sus hombres: «Encuentren a esos extranjeros y tráiganmelos».

Rahab vio venir a los hombres del rey. «Dense prisa», les dijo a los espías. «Yo los esconderé».

Ellos corrieron a la azotea de la casa. «Métanse aquí debajo de esta pila de granos. ¡Apúrense!».

Rahab les dijo a los hombres del rey: «Sí, dos hombres estuvieron aquí, pero ya se fueron. Si van rápido, quizá los encuentren».

Cuando se fueron los hombres del rey, Rahab les dijo a los espías: «Yo los escondí a ustedes porque sé que sirven a un Dios muy poderoso. Sé que destruirán a Jericó. Yo los he ayudado. Ahora, ustedes deben ayudarme a mí».

Los espías vieron una cuerda roja en la casa. Ellos dijeron: «Cuelga esta cuerda roja en tu ventana. Cuando vengamos a destruir a Jericó, veremos la cuerda roja. Nosotros sabremos que es tu casa y te salvaremos a ti y a toda tu familia».

Los espías regresaron de prisa y le informaron a Josué. Cuando destruyeron la ciudad de Jericó, Rahab y toda su familia se salvaron.

36. La caída de las murallas
JOSUÉ 6

Josué guió a los israelitas a la tierra de Canaán. Su primera y más difícil tarea fue tomar la ciudad de Jericó.

Dios le dijo con exactitud a Josué cómo hacerlo. Josué escuchaba y pensaba: «¡Qué raro! Ninguna ciudad se ha capturado nunca antes como esta».

El gran problema era la muralla que rodeaba la ciudad. Josué no podía pasar por encima de ella. No podía atravesarla. No podía pasarla por debajo.

Dios dijo: «Siete sacerdotes deben llevar la caja que contiene los Diez Mandamientos a la vez que

marchan alrededor de la muralla. Mientras marchan, van a tocar las trompetas[G]. Deben marchar alrededor de la ciudad una vez al día durante seis días. Los soldados marcharán detrás de los sacerdotes. Deja que todo el pueblo de Israel vea lo que está sucediendo, pero diles que deben estar en silencio.

El pueblo de Jericó observaba desde lo alto de las murallas. Dijeron: «¡Qué cosa tan rara hacen! ¿Los israelitas están locos? ¿Por que están marchando, tocando los cuernos de carnero y cargando una caja inmensa?». Algunos se rieron. Otros meneaban sus cabezas. Todos tenían miedo.

En el séptimo día, Dios dijo: «Los sacerdotes y los soldados van a marchar alrededor de la ciudad siete veces. Luego, escuchen un toque largo de la trompeta. Cuando lo escuchen, todos los soldados y todo el pueblo gritará lo más fuerte que puedan».

Josué hizo con exactitud lo que Dios le dijo que hiciera. Cuando todo el pueblo gritó, ¡las murallas de Jericó se derrumbaron con un estruendo! La ciudad estaba destruida por completo, excepto una casa. Había una cuerda roja estaba colgando en lo alto de la ventana de esa casa... la casa de Rahab.

37. Gedeón

JUECES 6

El tiempo pasó y murió Josué. Dios envió líderes fuertes llamados «jueces», a fin de que guiaran a los israelitas. Uno de esos jueces se llamó Gedeón.

Algunas veces, el pueblo de Israel seguía a Dios con mucha atención. Otras veces, eran muy descuidados y adoraban ídolos. En cierta ocasión, cuando Israel comenzó a adorar ídolos, Dios envió un grupo de personas llamadas madianitas para castigarlos.

¡Cómo sufrían los israelitas! Sufrieron durante años. Ellos clamaron a Dios para que los perdonara. Le pidieron a Dios que los sacara del problema.

Un día Gedeón, un joven campesino, estaba golpeando los granos. Estaba haciendo esto en secreto, de modo que los madianitas no le llevaran su grano.

Dios le envió un ángel a Gedeón.

—Gedeón, Dios está contigo —le dijo el ángel.

—Si eso es cierto, ¿por qué tengo que esconderme de los madianitas?

—Tú eres el que guiará a Israel. Tú, Gedeón, destruirás los ídolos. Tú salvarás a tu pueblo. Dios te ha escogido.

—¿Cómo puedo salvar a Israel? —dijo
Gedeón—. Mi familia no es grande. Yo
soy el hijo mejor. Si lo que dices es cierto,
muéstrame algo que lo pruebe.

»Pondré lana^G en el suelo —continuó
Gedeón—. Si en la mañana la lana está
húmeda y el suelo está seco, sabré que yo
voy a guiar a Israel.

A la mañana siguiente, la lana tenía
suficiente agua para llenar un tazón. El suelo
estaba seco.

«Por favor, no te enojes conmigo», dijo
Gedeón, pero quiero estar bien seguro.
Esta noche, pondré la lana.
Esta vez deja seca la lana
y el suelo húmedo». A
la mañana siguiente,
la lana estaba seca y el
suelo a su alrededor
estaba húmedo.

Ahora, Gedeón
sabía con seguridad
que Dios quería que
él fuera el
líder de
Israel.

38. Gedeón vence con trescientos soldados

JUECES 7

S e corrió la voz con rapidez. ¡Gedeón era el nuevo líder! Dios le había dicho que peleara contra los madianitas que habían hecho sufrir a Israel durante años. ¡Había esperanza!

Gedeón envió un mensaje: «Reúnanse todos los hombres que quieran pelear contra los madianitas». Vinieron treinta y dos mil hombres.

Dios le dijo a Gedeón: «Si son muchos los que van a pelear, ellos dirán que fue su propia fuerza la que derrotó al enemigo. Envía a casa todos los que tengan miedo».

Gedeón anunció: «Todos los que le teman a la batalla pueden irse a casa». Se marcharon alrededor de veintidós mil hombres.

«Todavía hay demasiados», dijo Dios. «Queremos soldados que estén vigilantes. Llévalos a la orilla del agua. Pídeles que beban. Debes enviar a casa todos los que beban como lo hacen los perros. Pueden quedarse los que beban de sus manos mientras vigilan».

Solo trescientos hombres bebieron de sus manos.

Gedeón dividió esos hombres en tres grupos. A cada hombre le dio una cántaro^G vacío con una antorcha adentro. Le dio a cada hombre una trompeta y les dijo lo que tenían que hacer. Luego, puso los grupos de hombres en diferentes lugares alrededor del enemigo.

Las tiendas de los madianitas estaban en el valle. Gedeón y sus hombres estaban en los montes. En la oscuridad de la noche, Gedeón y los hombres de su grupo tocaron sus trompetas, rompieron sus cántaros y levantaron sus antorchas. Esta fue la señal para que los demás hombres hicieran lo mismo. Todos gritaron, como se les dijo que hicieran: «¡Por el Señor y por Gedeón!».

Los madianitas escucharon los fuertes gritos y las trompetas. Vieron todas las antorchas a su alrededor. Pensaron que había más israelitas de los que eran en realidad. Los madianitas salieron corriendo, gritando mientras huían.

Por fin, ¡el pueblo de Dios era libre!

39. Sansón, un hombre muy fuerte

JUECES 13–16

Sansón era un hombre fuerte... ¡un hombre muy fuerte! Él vivió en el tiempo de los jueces.

Antes de que Sansón naciera, Dios les dijo a sus padres: «Tengo un propósito especial para su hijo. Él nunca debe beber vino^G y nunca debe cortarse su cabello. Entonces, tendrá una fuerza poco común. Él podrá ayudar a mi pueblo a derrotar a los filisteos».

Cuando creció, su fuerza era sorprendente. Mató un león solo con sus manos. Llevó a cuestas las puertas inmensas de una ciudad. Mató a trescientos enemigos de Israel con nada más que el hueso de un burro^G. Nadie podía detener a Sansón. Nadie podía atraparlo.

No fue una cosa buena cuando Sansón se enamoró de una mujer filistea. Ella estaba del lado del enemigo. Su nombre era Dalila.

Los líderes filisteos fueron a verla y le dijeron: «Dalila, tú debes encontrar el secreto de la fuerza de Sansón. Descubre cómo

podemos quitarle el poder y atarlo. Si haces esto, cada uno de nosotros te dará mil cien piezas de plata».

Dalila quería ese dinero. Una y otra vez preguntaba: «Sansón, ¿qué te hace tan fuerte?». Una y otra vez Sansón jugaba con ella diciéndole esto y lo otro. Sin embargo, lo que le decía no era cierto. Al final, Dalila le dijo: «Sansón, tú no me amas en realidad. Si me amaras, me dirías la verdad».

Sansón le dijo: «Si me cortan el cabello, me volvería débil». Esa era la verdad. Mientras Sansón estaba durmiendo en sus rodillas, Dalila le cortó todo su cabello. Entonces, lo capturaron. Le sacaron los ojos. Lo pusieron a trabajar como un animal.

Poco a poco, el cabello de Sansón creció de nuevo y regresó su fuerza. Los filisteos estaban celebrando una fiesta para uno de sus ídolos. Ellos trajeron a Sansón a la fiesta para poderse reír de él. Sansón se paró entre dos grandes columnas^G de piedra que sostenían el edificio. Allí había más de tres mil personas mirando a Sansón y riéndose de él.

Sansón oró: «Oh, Dios, dame una gran fuerza una vez más». Él empujó las columnas tan duro como pudo. Con un poderoso estruendo, el edificio cayó sobre los líderes y todos los demás.

También cayó sobre Sansón.

40. Noemí y Rut

RUT 1–4

Noemí estaba en problemas. Ella se sentó en su casa y pensó en todo lo que le había pasado. Muchos años antes, ella vino a Moab con su esposo y sus dos hijos pequeños. Se mudaron a Moab porque no había alimentos en Belén de Judea, donde vivían.

La familia estaba feliz en Moab. Los dos hijos crecieron y se casaron. Sus esposas, Rut y Orfa, eran buenas con Noemí. Entonces, vino la tristeza. Primero, murió el esposo de Noemí. A esto le siguió la muerte de sus dos hijos.

¿Qué podía hacer Noemí? Ella decidió regresar a Belén. Les dijo a Rut y a Orfa que volvieran con sus familias. Orfa estuvo de acuerdo en hacer esto.

Rut dijo: «No, yo te amo y quiero ir a cualquier parte que vayas tú. Quiero que tu pueblo sea mi pueblo».

«Entonces, vamos juntas», le dijo Noemí.

Cuando volvieron a Belén, Noemí escuchó que alguien en la calle decía:

—¿Quién es esa anciana? Creo que la he visto antes en algún lugar.

—Yo soy Noemí. He regresado después de todos estos años. Soy pobre. Necesito ayuda. ¿Sabes dónde la esposa de mi hijo muerto puede conseguir un trabajo?

—Ve a ver a Booz. Él tiene muchos campos que atender

y es el tiempo para recoger las cosechas de grano.

Así es cómo Rut llegó a estar en los campos de Booz. Un día, Booz vino a inspeccionar a los trabajadores y su trabajo.

—¿Quién es esa hermosa joven que hace un trabajo tan cuidadoso? —preguntó Booz.

—Ah, esa es Rut, hace poco vino de Moab.

—Asegúrate de que seas amable en especial con ella —le dijo Booz.

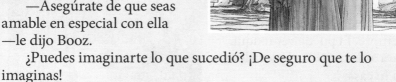

¿Puedes imaginarte lo que sucedió? ¡De seguro que te lo imaginas!

Booz y Rut se enamoraron y se casaron. Al poco tiempo, Noemí fue abuela de un bebé llamado Obed. Y él llegó a ser el abuelo de David, el más famoso rey de Israel.

41. Una voz en la noche

1 SAMUEL 1–3

Ana estaba de pie en la casa de Dios. Ella estaba orando y decía: «Oh, Dios, ¡deseo mucho tener un hijo! Quiero un hijo más que cualquier cosa en el mundo. Tú ves cómo la otra mujer se ríe de mí porque no tengo un hijo».

Ana le prometió a Dios: «Si tú me das un hijo, yo te lo devolveré para que te sirva para siempre. Él puede venir aquí para ayudar a Elí, el sacerdote, en tu casa».

Dios escuchó la oración de Ana y la respondió. Ana tuvo un bebé. «Se llamará Samuel», decidió la feliz y nueva madre.

Elí, el sacerdote, era muy viejo y necesitaba ayuda. Sus dos hijos, quienes eran sacerdotes también, le debían haber ayudado. Pero eran hombres que no valían la pena. Estaban ocupados haciendo cosas malas. Elí sabía esto, pero no hacía nada para controlarlos. Dios estaba enojado con Elí y con sus hijos.

Ana cumplió su promesa. Samuel se fue a vivir a la casa de Dios. Allí él tenía la responsabilidad de hacer muchas tareas. Cada año, Ana visitaba a su hijo y le llevaba un abrigo hecho por ella misma.

Una noche, Samuel estaba en la cama. Él escuchó a Alguien que lo llamaba por su nombre: «¡Samuel! ¡Samuel!». Él se levantó y fue a ver a Elí. «Aquí estoy. Tú me llamaste».

«No, yo no te llamé», le dijo Elí. «Regresa a la cama».

Una segunda vez, la Voz dijo: «¡Samuel! ¡Samuel!». Él fue a Elí.

«Yo no fui el que te llamó», le dijo Elí. La misma cosa sucedió por tercera vez. Entonces, Elí dijo: «Ve y acuéstate. Si te llaman de nuevo, di: "Habla, Dios, pues tu siervo escucha"».

Samuel hizo esto y descubrió que era la voz de Dios hablándole. Dios le dijo a Samuel que Él castigaría a Elí y a sus hijos con la muerte.

—¿Qué te dijo la Voz? —le preguntó Elí a la mañana siguiente.

Samuel no quería darle las malas noticias.

—Dime —le dijo Elí.

Así que Samuel le dijo la verdad.

—Dios castigará a tus hijos por los pecados que están haciendo. Dios los castigará porque tú no los detuviste. El castigo será la muerte.

—Él es Dios —dijo Elí—. Que haga lo que bien le parezca.

Samuel crecía y Dios estaba con él. A la larga, se convirtió en un gran hombre en Israel.

42. ¡Queremos un rey!
1 SAMUEL 7–10

Samuel, el pequeño niño que escuchó la voz de Dios en la noche, creció para ser un juez en Israel. Era un buen hombre y era fiel a Dios.

Samuel envejeció. Nombró a sus hijos para que fueran los jueces en su lugar. Sin embargo, ellos no eran confiables. No eran honrados ni justos.

—Samuel, tú estás demasiado viejo para guiarnos —le dijo el pueblo de Israel—. Tus hijos no son hombres buenos. Vemos que otros países tienen reyes. ¡Nosotros queremos un rey también!

—Esta no es una buena idea —declaró Samuel—. Dios ha sido su líder desde que sus padres salieron de Egipto. No deben rechazarlo. Un rey les cobrará impuestos, les quitará su dinero y lo mejor de todo lo que tienen.

—¡No importa! Queremos un rey para pelear nuestras batallas. ¡Queremos uno ahora! —le exigió el pueblo.

Dios le dijo a Samuel: «Tú has dado lo mejor de ti. Ahora, ellos tendrán que vivir con los resultados de su decisión. Te ayudaré a encontrar un rey». Se escogió a Saúl, un hombre fuerte y alto, de la tribu de Benjamín.

En ese mismo momento, Saúl y su siervo estaban en las colinas cercanas en busca de algunos burros perdidos. El padre de Saúl le había dicho: «Me preocupa que se hayan robado los burros. Ve a buscarlos». Los días pasaron y no encontraban los burros.

«Es mejor que regresemos a casa», dijo Saúl. «A esta altura, sin duda, mi padre ha dejado de preocuparse por los burros y ha comenzado a preocuparse por nosotros». El siervo dijo: «¿Sabías que Samuel, el hombre de Dios, vive cerca de aquí? Vamos a preguntarle si puede ayudarnos a encontrarlos».

Cuando llegaron a donde estaba Samuel, Dios le dijo a Samuel: «He aquí el nuevo rey».

Cuando le contaron a Samuel acerca de los burros, él les dijo: «Los burros de tu padre se encontraron y ya están en casa».

Entonces, Samuel dijo: «Tú encontrarás esto difícil de creer, pero tú, Saúl, vas a ser el primer rey de Israel».

Saúl protestó: «¡Eso es imposible! Yo soy de la tribu más pequeña. Mi familia no es importante. ¡Yo no puedo ser rey!».

Samuel le explicó todo. A continuación, derramó aceite sobre la cabeza de Saúl para mostrar que la elección era final.

Saúl fue un buen rey por un tiempo, pero el poder y la posición lo cambiaron. Pronto, se volvió orgulloso. Trató al pueblo tal y como Samuel había advertido que lo haría un rey. Saúl desobedeció y pecó de manera tan grave que, al final, Dios lo rechazó para que no fuera rey por más tiempo.

43. Un pastor^G se convierte en rey
1 SAMUEL 15, 16

Samuel le dijo a Saúl: «Debido a tu pecado, Dios le dará a Israel un nuevo rey». La ira ardía en el corazón de Saúl. Él quería ser el rey. ¡No le daría su posición a nadie! ¡Jamás!

Dios le dijo a Samuel: «Tú encontrarás al siguiente rey en Belén, en la familia de Isaí. Ve allí».

—Isaí —le dijo Samuel cuando llegó a su casa—, quiero conocer a todos tus hijos. Dios tiene un trabajo especial para que haga uno de ellos.

Eliab, el mayor, vino primero. Era alto, fuerte y tenía una expresión que parecía sincera. «Sin duda, debe ser este», pensó Samuel.

Dios le dijo: «No escojas al que parece mejor por fuera. Yo busco lo que está en el corazón. No he escogido a Eliab».

—No es este —dijo Samuel—. Trae al siguiente hijo.

Abinadab se encaminó hacia Samuel. «No», dijo Dios.

—¡El siguiente! —dijo Samuel.

Pasó Sama.

—Dios no ha escogido a este tampoco —anunció Samuel.

Cuatro hijos más vinieron al encuentro de Samuel. Ninguno era el adecuado. Samuel no sabía en qué pensar. ¡Siete hijos y Dios no había aprobado a ninguno de ellos! ¿Qué pasaba?

—¡Espera! —dijo Samuel—. ¿Tú no tienes más hijos?

—Bueno, está David. Él es el menor. Justo ahora, está afuera en el campo cuidando las ovejas.

—¡Mándalo a buscar! —le dijo Samuel a Isaí—. No nos sentaremos hasta que él venga.

Y así sucedió... ese día se le dio al último y al más joven el gran honor de que le eligieran como el próximo rey de Israel. David, el pastor, se sentaría en el trono[G].

44. ¿Quién es el campeón?
1 SAMUEL 16, 17

Saúl no sabía nada de David, pero cada día pensaba en que algún día alguien le quitaría su trono. A menudo, esos pensamientos hacían que sintiera miedo, tristeza y preocupación.

—Con seguridad, la música haría que se sintiera tranquilo —dijo un siervo.

—Sí, esa es una buena idea —estuvo de acuerdo Saúl.

—Cerca de aquí, en Belén, vive un joven que aprendió a tocar el arpa^G mientras vigilaba sus ovejas. Él toca muy bien. ¿Debo pedirle que venga? —deseaba saber el siervo.

—Sí —respondió el rey.

Así que cuando Saúl estaba atormentado, llamaría a David para que tocara música. Jamás se imaginó que David era el que ocuparía su trono.

David regresaba a casa para ayudar a su padre cuando Saúl no lo necesitaba. Él vigilaba sus ovejas y cada vez tenía más habilidad en el uso de su honda^G para lanza piedras, a fin de protegerlas.

Los filisteos eran enemigos feroces de Israel. Ellos decidieron atacar de nuevo. Un valle separaba a los dos ejércitos que estaban en montes opuestos. Los hermanos mayores de David eran soldados del ejército de Saúl.

Un día, Isaí le dijo a David: «Quiero que vayas y le lleves algunos alimentos a tus hermanos en el ejército». David fue y mientras estaba parado hablando con sus hermanos, hubo un inesperado silencio. Nadie decía ni una palabra. Todos los ojos miraban a través del valle.

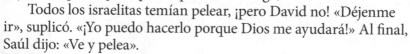

David miró también y vio a un hombre inmenso que tenía casi tres metros de alto. Su nombre era Goliat. Él tenía una protección de metal, llamada armadura, alrededor de todo su cuerpo. Llevaba armas enormes.

Goliat gritó: «¡Ustedes son israelitas débiles! ¡Envíenme a alguien que pelee conmigo! Si yo lo mato, todos ustedes servirán a mi rey. Si él me mata, ¡todos los filisteos servirán a su rey! ¡Yo soy el campeón! ¿Por qué no pelean conmigo, cobardes?».

Todos los israelitas temían pelear, ¡pero David no! «Déjenme ir», suplicó. «¡Yo puedo hacerlo porque Dios me ayudará!» Al final, Saúl dijo: «Ve y pelea».

David tomó su honda y cinco piedras lisas. Goliat vio que David venía y dijo: «¡Vaya, miren, un muchacho pequeño! Ven, muchachito, ¡y yo alimentaré contigo a los pájaros!». David le gritó: «Tú dependes de tus armas y de tu tamaño. Yo dependo de Dios. ¡Él me dará la victoria!». David puso una piedra en su honda. Hizo girar la honda y dejó que la piedra volara. Esta golpeó a Goliat justo entre los ojos. Goliat cayó con un estruendo. David corrió, tomó la espada^G de Goliat y le cortó la cabeza.

Los filisteos huyeron. Los israelitas cantaron y danzaron de gozo. ¡David era el campeón! Saúl hizo de este nuevo héroe un oficial en su ejército.

45. Una oportunidad que no se aprovecha

1 SAMUEL 18–19, 23–24

Saúl le dio a David muchos regalos porque había matado a Goliat. Él le dijo a David que viniera a vivir al palacio.

El nuevo héroe llegó a ser famoso en todas las ciudades y pueblos. Saúl veía que David era muy popular. Él se puso muy celoso[G]. Le preocupaba que David tratara de robarle su trono.

Un día, David estaba tocando su arpa para calmar a Saúl. Saúl le tiró una lanza a David con la esperanza de matarlo. Dos veces Saúl trató de hacer esto. Las dos veces no le dio a David. A menudo, Saúl enviaba a David a la guerra con la esperanza de que lo mataran. Cada vez, David regresaba como un héroe más grande. Las mujeres cantaban y danzaban en las calles para honrar a David. Ellas nunca danzaron ni cantaron para Saúl.

David fue a pelear muchas batallas. Saúl se ponía más celoso. Seguía tratando de encontrar a David, para eliminarlo. Lo perseguía en los montes y los valles. Más de una vez, David tuvo la oportunidad de matar a Saúl. «¡Hazlo!», le instaban sus hombres. «Si no lo haces, él te capturará y te matará».

«No», les decía David, «no lo haré. Sería malo para mí hacerle daño a Saúl, porque es el que Dios escogió para ser rey». Quizá estuviera pensando: «Dios me escogió para ser rey después de Saúl. Debo tener presente ese hecho».

Una vez, David y sus hombres estaban durmiendo muy atrás en una cueva^G fría. Ellos escucharon que alguien entraba a la cueva. ¡Era Saúl! David se movió muy lentamente y en silencio. No quería hacer ruido cuando se acercara en secreto hasta Saúl. David tomó su afilado cuchillo y con cuidado cortó un pedazo de la tela de la ropa de Saúl.

Por fin, Saúl se paró y salió de la cueva. Entonces David se puso de pie y salió de la cueva. Al otro lado del monte, le gritó a Saúl y le dijo: «¡Mi rey! ¿Por qué quieres hacerme daño? Mira, yo pude haberte matado justo ahora, pero no lo hice».

Saúl le contestó: «¿Eres tú, David? Tú eres más justo y más bueno que yo. Ahora sé con seguridad que serás el próximo rey».

Y David se convirtió en rey después que Saúl murió en el campo de batalla.

46. David y Betsabé

2 SAMUEL 11, 12

Saúl estaba muerto. ¿Qué le sucedería al pueblo de Dios?

Abner, uno de los hombres de Saúl, dijo que un hijo de Saúl debía ser el rey. Otros decían que debía ser David. Así que el pueblo de Dios se dividió en dos grupos, cada uno con su propio rey. Durante años pelearon, cada grupo tratando de ser el más fuerte.

David era un buen líder. Él era un buen soldado. Iba con sus hombres a la batalla. Pasaba tiempo con sus hombres cuando terminaban las batallas.

Una vez, David no fue a la batalla y esto resultó ser el mayor error de su vida. Una tarde, David se paseaba por la azotea de la

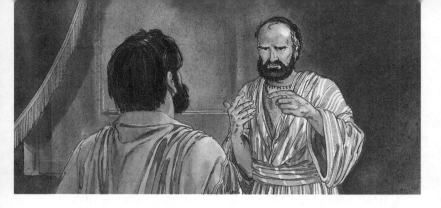

casa del rey. Miró al otro lado del camino y vio a una bella mujer. Ella se estaba bañando.

David envió a investigar quién era esa mujer. «Es Betsabé, la esposa de Urías. Tú conoces a Urías. Él es uno de tus mejores oficiales. Ha estado en la guerra por mucho tiempo», llegó la respuesta.

David sabía que lo que hizo a continuación fue muy malo. Mandó a buscar a Betsabé y durmió con ella como si fuera su esposa. Pronto, ¡Betsabé le dijo a David que estaba esperando un bebé! Ahora, se descubriría lo que había hecho David.

David llamó a Urías de la batalla. Trataba de conseguir que se quedara con su esposa, pero él no lo haría, diciendo: «Mi deber es quedarme con mis soldados».

David decidió que Urías tendría que morir. Luego, él podría casarse con Betsabé y su pecado podría estar oculto. David ordenó que Urías fuera al lugar de la batalla donde de seguro lo matarían. Pasó justo lo que esperaba David. A Urías lo mataron. Entonces, David tomó a Betsabé para que fuera su esposa. Ella tuvo un niño.

Dios estaba enojado con David. Él envió a Natán a David. Natán le habló al rey de un hombre rico que le robó a su vecino pobre su única ovejita. David dijo con gran enfado: «Ese hombre egoísta debe morir».

«Tú eres el hombre», le dijo Natán. «Tú mataste a Urías y le robaste su esposa».

David supo que lo habían descubierto. Confesó su pecado y se arrepintió. Estaba triste y avergonzado. Había decepcionado a Dios. Él lloró y clamó a Dios. Para aumentar su tristeza, el bebé se puso muy enfermo y murió.

47. Las dos decisiones sabias de Salomón

1 REYES 3

Salomón era hijo de David. Cuando David murió, Salomón llegó a ser el rey. Dios vino a él en un sueño y le dijo: «Salomón, yo te daré un regalo. Pide cualquier cosa que quieras que te dé».

Salomón pensó en esto y dijo: «Dame un corazón comprensivo para que pueda gobernar esta gran nación de una manera justa y buena». Esta decisión agradó a Dios y Él le dijo: «Te daré la sabiduría que me has pedido. También te daré las riquezas y el honor que no me has pedido».

Pronto la sabiduría de Salomón se puso a prueba. Un día, el pacífico palacio se llenó de gritos fuertes y una airada discusión. Dos mujeres vinieron ante Salomón. Una tenía cargado a un bebé.

—¿Cuál es el problema? —preguntó Salomón.

—Este bebé es mío, no de ella —dijo la primera madre.

—¡Eso es mentira! ¡El bebé es mío! —dijo la segunda madre.

—¡No! —dijo la primera madre—. ¡Yo estoy diciendo la verdad! Las dos tuvimos un bebé. En la noche, su bebé murió. Ella puso al bebé muerto en mi cama y se llevó mi bebé vivo.

—¡No! —dijo la segunda madre—. No la crea. El bebé muerto es el suyo. El vivo es el mío.

Salomón escuchaba. No había testigos. No había manera de investigar. Dios le dio sabiduría a Salomón para resolver el problema.

—¡Ven aquí! —le dijo Salomón a un guardián—. Ve y búscame una larga y afilada espada y tráemela.

Le trajeron la espada.

—Ahora —ordenó Salomón—, corten al bebé en dos partes. Denle una mitad a una madre y la otra mitad a la otra.

—Buena idea —dijo la mujer cuyo hijo estaba muerto—. ¡Córtenlo en dos!

—¡No! ¡No! No hagan eso —gritó la mujer cuyo hijo estaba vivo—. Denle a ella el bebé. Dejen que lo tenga. ¡Déjenlo vivir!

Salomón anunció su decisión.

—Denle el bebé a la mujer que lo ama y quiere que viva. Ella es la verdadera madre.

Salomón tomó una buena decisión cuando le pidió a Dios sabiduría. Él uso esa sabiduría para tomar buenas decisiones.

48. Elías

1 REYES 16-18

Después que murió Salomón, Israel tuvo muchos reyes. Casi todos desobedecieron a Dios y dejaban que el pueblo adorara ídolos. Acab fue el rey más pecador de todos. Él tenía una esposa llamada Jezabel. Acab construyó lugares para honrar a los dioses falsos. Él y su esposa los adoraban.

Elías, un hombre que hablaba por Dios, vino a Acab y le dijo: «A Dios no le agrada lo que estás haciendo. No habrá lluvia en esta tierra hasta que Él lo diga».

Acab estaba tan enojado que Elías tuvo que huir y esconderse. Dios enviaba unos grandes pájaros negros para que le llevaran alimentos a Elías. Él bebía agua de un arroyo^G cercano. Después que no hubo más agua en el arroyo, Elías se fue a Sarepta. Una mujer pobre y su hijo le dieron el último pedazo de alimento que tenían. Elías les dijo: «Debido a que han sido tan buenos conmigo, Dios les dará todo el alimento que necesitan».

No hubo lluvia durante tres años. Al final, Dios le dijo a Elías que fuera a ver al rey Acab.

«Rey Acab, llegó el momento de probar quién es el Dios verdadero», le dijo Elías. «Tendremos una competencia en la

montaña llamada Carmelo. Tu dios falso tiene cuatrocientos cincuenta sacerdotes. Yo soy el único que habla por el Dios verdadero.

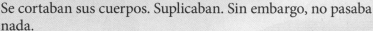

»Construiremos dos altares y les pondremos ofrendas encima. El Dios que envíe fuego para quemar la ofrenda será el Dios verdadero».

Todo se preparó. Los sacerdotes del dios falso gritaban a voz en cuello largas oraciones. Danzaban. Se cortaban sus cuerpos. Suplicaban. Sin embargo, no pasaba nada.

Elías, cuando fue su turno, hizo una corta y sencilla oración. ¡Dios envió fuego del cielo y quemó la ofrenda! Ahora, todo el mundo sabía quién era el Dios verdadero.

Elías anunció que ahora iba a llover. Se fue del monte lo más rápido que pudo. Elías sabía que Jezabel quería matarlo porque él había probado que su dios era falso.

49. Acab quiere una viña^G
1 REYES 21

Elías siempre obedecía a Dios. Elías no les caía bien a los enemigos de Dios. Esto significaba que él tenía que ser valiente y fuerte. A menudo, tenía que discutir con Acab y Jezabel.

Un hombre llamado Nabot vivía cerca del palacio del rey Acab. Él tenía una viña. Las uvas que crecían allí eran grandes, de color púrpura y llenas de jugo^G. El viñedo tenía una gran cosecha de uvas cada año. Es más, la viña de Nabot era la mejor de la tierra.

Acab quería esa viña. Él fue a Nabot y le dijo:

—Quiero tu viña. Te la compraré. ¿Cuánto quieres por ella?

—Lo siento. Mi viña no está en venta —le dijo Nabot a Acab.

—¿Por qué no? —le preguntó Acab.

—Porque esta viña ha sido propiedad de mi familia por muchísimos años —le respondió Nabot—. Nunca la venderé.

Acab regresó al palacio. Se metió en la cama. Se acostó de cara a la pared y no quiso comer. Jezabel vino a Acab y le dijo:

—¿Qué te pasa?

—Nabot no me venderá su viña. ¡Yo la quiero mucho!

—¿Eres tú el rey o no? Tú puedes tener lo que quieras. ¡Cualquier cosa! Si tú eres demasiado débil, yo te conseguiré la viña —dijo la enojada Jezabel.

Jezabel buscó la manera de que mataran a Nabot. Ella tenía hombres de muy poco valor que hablaron en contra de Nabot. Dijeron mentiras que enojaron al pueblo. Ellos tomaron piedras y se las lanzaron a Nabot hasta que murió.

Jezabel le anunció a su esposo: «Nabot está muerto. Ve a buscar tu viña».

Dios le dijo a Elías lo que había pasado. «Ahora, ve a visitar a Acab. Él está en la viña. Dile que no disfrutará la viña. Tanto él como su esposa, Jezabel, tendrán muertes terribles».

Elías le dio a Acab el mensaje de Dios. Y, sí, Acab y Jezabel tuvieron muertes horribles.

50. Un viaje al cielo
2 REYES 1, 2

Elías estaba envejeciendo. Dios le dijo que buscara a un hombre llamado Eliseo. «Él será tu ayudante ahora y más tarde ocupará tu lugar».

Eliseo estaba trabajando en el campo. Elías lo encontró y le puso su capa alrededor de los hombros. Eliseo sabía que lo habían escogido para ayudar al hombre de Dios. Él dejó su trabajo en los campos y siguió a Elías.

Cuando llegó el momento de que Elías muriera, Dios hizo un plan especial para llevarlo al cielo.

Elías y Eliseo caminaban juntos cuando llegaron al río Jordán.

Elías dobló su manto y golpeó el agua. El agua se dividió y ellos cruzaron por la tierra seca.

Elías le dijo a Eliseo: «Yo te dejaré pronto. ¿Qué puedo hacer por ti antes de irme?».

Elías le pidió dos veces más del poder de Dios que el que tenía Elías. «Tú lo tendrás si me ves cuando me vaya», respondió Elías.

Dios había decidido que Elías no fuera al cielo de una manera común y corriente. Él le tenía un tipo de transportación especial.

Elías y Eliseo miraron al cielo y vieron que descendía una carroza^G de fuego. Lo halaban brillantes caballos. ¡La carroza se acercó y se llevó a Elías en ella hacia el cielo! Mientras se marchaba, él lanzó su manto al suelo. Eliseo lo recogió y se dirigió al río.

¿Tendría el poder para hacer lo que hizo Elías? Dobló el manto y golpeó el agua. ¡Sí! El agua se dividió en dos y él cruzó por tierra seca.

51. Eliseo
2 REYES 2-4

Eliseo había seguido a Elías y ahora él iba a ser el que hablara por Dios.

Eliseo hizo muchas cosas maravillosas debido a que Dios le daba el poder para hacerlas. He aquí tres cosas que hizo Eliseo.

Número 1. Algunos hombres vinieron a ver a Eliseo. «Necesitamos que nos ayudes. Nuestra agua no es buena. Nos enferma. Nuestras cosechas no crecerán». Eliseo les dijo que trajeran un poco de sal. Él la echó al agua y Dios sanó el agua. Entonces, la gente podría beber el agua y sus cultivos crecerían.

Número 2. Había una mujer cuyo esposo había muerto. Él debía una gran cantidad de dinero. El hombre le dijo a la mujer: «Si tú no pagas lo que me debía tu esposo, yo me llevaré a tus hijos para que sean mis esclavos».

Eliseo le dijo a ella que fuera a sus vecinos y les pidiera prestadas tantas botellas como pudieran. Entonces, le dijo: «Tú tienes un poquito de aceite en tu casa. Tómalo y comienza a echarlo en las botellas que tienes prestadas».

El aceite nunca dejó de venir hasta que ella terminó de llenar cada una de las botellas. «Ve ahora y vende el aceite, y paga lo que debes», le dijo Eliseo.

Número 3. Había un hombre rico y una mujer en Sunem. Ellos le hicieron una habitación especial para que Eliseo se quedara cuando estaba en su ciudad. Eran buenos con Eliseo. Él quería hacerles algo bueno. Ellos no tenían hijos. Eliseo les dijo al hombre y a la mujer: «Oraré por ustedes y tendrán un hijo».

Ellos tuvieron un hijo. Sin embargo, un día se puso muy enfermo y murió. La madre mandó a buscar a Eliseo. «Oh, Dios, devuélvele la vida a este niño», oró Eliseo. Dios escuchó y respondió esta oración.

Eliseo ayudó también a un hombre que tenía una enfermedad mala en la piel llamada lepra. Esa es la historia que se narrará a continuación.

52. Lo que pasó en un río sucio
2 REYES 5

Una jovencita, cuyo nombre no sabemos, la habían llevado de su país a Siria para ser una sierva. Ahora, estaba trabajando para la esposa de Naamán, quien era el capitán^G del ejército de Siria.

La esposa de Naamán estaba muy triste.

—¿Qué pasa? —le preguntó la jovencita que la servía.

—Estoy triste y preocupada porque mi esposo tiene la terrible enfermedad de la piel llamada lepra. Cuando se enteren, él perderá su trabajo. Lo perderá todo —le dijo la esposa.

—Me gustaría que mi amo pudiera hacer un viaje a Israel donde yo vivía. Eliseo, un hombre de Dios, vive allí. Él podría sanar a su esposo —le dijo la jovencita.

Naamán decidió hacer este viaje. Esperaba que lo trataran como una persona importante. Sin embargo, Eliseo le dijo que se

sumergiera en el río Jordán y se lavara siete veces. ¡Naamán estaba muy enojado!

—No lo haré —dijo en voz alta—. ¡Ese río está sucio! Los ríos de Siria están limpios. Regresaré allí.

—Bueno, bueno, cálmese —les suplicaron los hombres que habían venido para ayudar a Naamán—. Si Eliseo le hubiera dicho que hiciera algo difícil, usted lo haría. No sea tan orgulloso. Haga lo que se le dijo.

Por lo tanto, Naamán se paró en el río Jordán y se sumergió, después salió. Nada pasó.

—¡Siga! ¡Siga! —les dijeron sus ayudantes.

Iba de arriba hacia abajo... dos, tres, cuatro, cinco, seis veces.

«Esto es inútil», pensaba Naamán mientras sacudía el agua de su cuerpo.

—¡Una vez más! —les insistían sus ayudantes.

Naamán bajó y subió de nuevo. ¡Esta vez se sorprendió! La terrible enfermedad de la piel había desaparecido, se había ido por completo.

Naamán, su esposa y la jovencita, cuyo nombre no sabemos, estaban muy felices mientras viajaban de regreso a la tierra de Siria.

53. Nehemías, el constructor
LIBRO DE NEHEMÍAS

Nehemías nació en Jerusalén. Cuando era joven, hubo una guerra. Jerusalén perdió la guerra y a Nehemías, y a muchos de sus amigos, los llevaron a Babilonia. Allí Nehemías encontró un trabajo en el palacio.

Nehemías sabía que habían destruido gran parte de Jerusalén. Los edificios estaban en ruinas. La muralla alrededor de la ciudad estaba derribada. Nehemías recordaba la ciudad cuando era bella. Sabía que Jerusalén era especial para Dios. Él estaba triste por su ciudad natal. Deseaba que se pudiera reconstruir de nuevo.

Cuando el rey, para quien trabajaba Nehemías, vio su cara triste, le preguntó:

—¿Qué te pasa?

—He estado pensando mucho en mi patria —le dijo Nehemías—. Jerusalén está en ruinas. Me gustaría regresar y ver si puedo ayudar a reparar el lugar que amo.

—Tú puedes ir, pero debes decirme cuándo regresarás —le dijo el rey.

El rey lo envió a hacer el trabajo, le dio cartas para viajar con seguridad y madera del bosque del rey.

Nehemías regresó a Jerusalén. Vio que su primer trabajo sería reparar las murallas. Muchas personas estaban viviendo en las ruinas de la ciudad y cerca de allí. Nehemías les dijo: «Vengan y ayuden con la obra. Debemos construir de nuevo nuestra ciudad. Primero, debemos reparar las murallas. Así, nuestros enemigos no pueden atacarnos mientras hacemos otros trabajos de construcción».

El pueblo estuvo dispuesto a ayudar. ¡Era una gran tarea!

Había enemigos que no querían que a Jerusalén la hicieran hermosa otra vez. Primero, se burlaron de la obra. «Si un zorro^G se sube a esa muralla que están construyendo, ¡se derrumbará!». Nehemías y su gente solo seguían trabajando.

Después, los enemigos decidieron atacar. Nehemías se enteró de sus planes. Les dijo a la mitad de sus ayudantes que trabajara y a la otra mitad que vigilara y tuviera sus armas listas.

La gente trabajaba de día y de noche. Dios los ayudaba y en solo cincuenta y dos días se repararon las murallas. Ahora, podían reparar los edificios dentro de las murallas. Jerusalén sería bella de nuevo.

54. Ester
LIBRO DE ESTER

El orgulloso y poderoso rey de Persia tenía una nueva esposa. De todas las muchachas bellas de la tierra, escogió a Ester. Sabía que ella tenía una gran belleza. Lo que no sabía era que Ester era judía. Tampoco sabía que era la prima de Mardoqueo, el judío, que la trajo con él después que murieron sus padres.

Con el tiempo, el rey nombró a Amán

como un alto funcionario y le dio mucho poder. Todo el mundo estaba obligado a honrar a Amán al arrodillarse delante de él. Mardoqueo se negaba a hacer esto. Él no se le arrodillaría a nadie, sino a Dios.

Amán sabía que Mardoqueo era judío. Estaba tan enojado con Mardoqueo, que dijo: «Voy a acabar con todos los judíos». Fue al rey y le contó mentiras acerca de los judíos. Logró que el rey firmara una ley que decía que se matarían a todos los judíos en cierto día.

Mardoqueo se enteró de esto y le mandó un mensaje a Ester. Le contó acerca de Amán y de lo que él planeaba hacer. «Ester, debes ir al rey y conseguir que se pare esto. Tú eres la única que puede hacer esto. Por favor, Ester. Dios te ha puesto en el palacio por esta razón».

Ester tenía miedo. Nadie podía ir al rey a menos que le invitaran. Sin embargo, Ester era valiente. Ella oró y, luego, fue a ver al rey. El rey se agradó de ella. «¿Qué quieres, Ester? Te daré cualquier cosa que desees».

«Quiero que tú y Amán vengan a un banquete que les prepararé esta noche», le dijo Ester. En el banquete, el rey le preguntó de nuevo: «Ester, ¿qué es lo que quieres?». Ella le dijo: «Quiero que mañana tú y Amán vengan otra vez a un banquete». Ellos vinieron y por tercera vez el rey le preguntó a Ester lo que ella quería.

—Quiero que tú salves a mi pueblo y a mí de la muerte —le dijo Ester.

—¿Quién haría una cosa tan terrible? —le preguntó el rey.

—¡Él está planeando hacer esto! —le respondió Ester señalando a Amán en la mesa.

El rey ordenó que colgaran a Amán por el cuello. Él no podía cambiar la ley, pero podía escribir otra ley. Esta decía que los judíos podían defenderse. En el día señalado, los judíos pelearon con valentía y tuvieron la victoria sobre todos los que querían destruirlos.

Ester, Mardoqueo y todos los judíos estaban llenos de alegría. Mardoqueo se convirtió en el segundo funcionario más importante del país. El pueblo amaba a la hermosa y valiente Ester.

55. La historia de Job

JOB 1–42

Había un hombre llamado Job. Si él se hubiera descrito a sí mismo, hubiera dicho: «Mi nombre es Job. Vivo en el país de Uz. Tengo siete hijos y tres hijas. Tengo siete mil ovejas, tres mil camellos^G, mil bueyes y quinientos burros^G. Mis hijos adultos se llevan bien y comen juntos a menudo. Yo oro por ellos. Yo temo a Dios. Hago todo lo posible por obedecer a Dios y agradarle».

Job no habría dicho que él era el más grande de todos los hombres del Oriente. Aun así, lo era.

Un día, Dios y Satanás estaban conversando.

—¿Has visto a Job, quien me sirve con fidelidad? Es bueno e intachable —dijo Dios—. Él me honra y me obedece.

—¡Un momento! —le dijo Satanás—. Él te sirve solo porque es rico. Si tú le quitas sus riquezas, te maldecirá^G en tu propia cara.

—Te permitiré que le quites a Job todo lo que tiene. Entonces, veremos quién tiene la razón. Sin embargo, a Job ni lo toques.

Satanás le quitó a Job todo lo que tenía: sus hijos, su dinero, sus animales y los que le servían. ¡Todo! Job sufrió mucho, pero no se apartó de Dios.

—Mira, Job es un buen hombre. Todavía me obedece —le dijo Dios a Satanás.

—Él no te servirá si pierde su salud —le respondió Satanás—. Deja de protegerlo. Si él se enferma, te maldecirá en tu propia cara.

—Él está en tus manos —le dijo Dios—, solo que no lo mates.

A Job le salieron unas llagas terribles desde los pies hasta la cabeza. Su esposa le dijo: «Job, será mejor que maldigas a Dios y te mueras».

«¡Nunca!», le dijo Job con gran sentimiento. «Incluso, si Dios quiere matarme, no me apartaré de Él». Nadie podría cambiar a Job: ni Satanás, ni su esposa, ni sus amigos.

Cuando Dios vio la gran fe de Job, Él le dijo: «Job, te daré el doble de lo que tenías antes. También te daré siete hijos y tres hijas».

Después de esto, Job vivió ciento cuarenta años siéndole siempre fiel a Dios.

56. Daniel y sus amigos

DANIEL 1–3

Daniel y sus tres amigos, Sadrac, Mesac y Abednego, los capturaron en Israel y los dirigieron a Babilonia. Los llevaron a la casa de Nabucodonosor, el rey.

Nabucodonosor no conocía a Dios ni se interesaba por Él. Cuando les pidió a Daniel y a sus amigos que hicieran cosas malas, ellos se negaron. «Nosotros no podemos hacer eso», le dijeron, «no le agradaría al Dios verdadero».

Nabucodonosor tuvo un sueño raro. Él les ordenó a sus hombres sabios que le dijeran lo que él había soñado.

«¡Eso es imposible! Nosotros podemos decir el significado de los sueños, pero nadie puede decirte lo que soñaste».

Daniel se enteró del problema del rey. Daniel le dijo: «Mi Dios puede mostrarme lo que soñaste». Daniel pasó un tiempo en oración. A la mañana siguiente, Daniel habló con Nabucodonosor.

«Sí, eso es lo que soñé», le dijo el rey. Él estaba tan contento que le dio a Daniel un alto cargo y les pidió a sus tres amigos que fueran sus asistentes.

Nabucodonosor hizo un inmenso ídolo de oro. Tenía veintisiete metros de alto y dos metros y medio de ancho. Reunió a todo el pueblo y le dijo: «Cuando suene la música, todo el mundo debe inclinarse y adorar al ídolo. Cualquier persona que no haga esto se lanzará a un horno^G ardiente y se quemará hasta la muerte».

Daniel no estaba allí, pero sus tres amigos sí, y ellos se negaron a obedecer.

El rey estaba enojado. «Les daré otra oportunidad», dijo. Los tres amigos dijeron: «Incluso si nos metes en el horno, nuestro Dios nos protegerá».

La música sonó. Los tres amigos no se arrodillaron. El rey ordenó: «¡Calienten el horno siete veces más! ¡Échenlos allí!».

El rey observó. Vio algo que no podía explicar. Había echado a tres hombres en el horno. Ahora, veía cuatro hombres. Él dijo que el cuarto se parecía al Hijo de Dios.

Sadrac, Mesac y Abednego salieron del horno. Ellos no estaban quemados. Sus ropas no estaban quemadas. ¡Ellos ni siquiera olían a humo!

57. Almuerzo para los leones
DANIEL 6

Nabucodonosor murió. Ahora, había un nuevo rey llamado Darío.

Daniel siguió siendo un sabio y leal funcionario en el gobierno. Darío observaba a Daniel y veía que era un buen hombre en el que se podía confiar. Darío le dio a Daniel trabajos más importantes y más poder para hacerlos.

Daniel no les agradaba a los otros hombres que ayudaban en el gobierno. Es más, lo odiaban y querían que se metiera en problemas. Sin embargo, Daniel era honrado y trabajaba tan bien que sus enemigos no podían culparlo de nada.

Ellos lo vigilaron. Lo siguieron. Ellos vieron que él se arrodillaba y oraba a su Dios tres veces al día. ¡Ah! Les vino una idea a la mente. Quizá podrían usar sus oraciones para acabar con él. Ellos fueron a ver al rey.

«¡Oh, rey! Pensamos que debería haber una nueva ley. La ley dirá que durante los próximos treinta días nadie puede orar a ninguna otra persona que no seas tú. Si lo hacen, alimentarán a los leones hambrientos».

El orgulloso rey firmó la ley. Daniel seguía orando. El rey se enteró que Daniel estaba desobedeciendo la ley. Ahora, él sabía por qué los enemigos de Daniel querían la ley acerca de la oración. Lo engañaron. Él no quería hacerle daño a Daniel, pero no podía cambiar la ley. Ni siquiera el rey podía cambiar de opinión una vez que se firmaba la ley.

Los guardias vinieron para llevarse a Daniel al gran foso^G donde guardaban a los leones. El rey se puso muy triste al ver que se llevaban a Daniel. El rey no pudo dormir en toda la noche.

Muy temprano en la mañana, el rey Darío se levantó y fue al foso de los leones. Tenía miedo de lo que iba a encontrar. Llamó en voz alta: «¡Daniel! ¿Dios te protegió? ¿Estás a salvo?». Él no esperaba respuesta.

Entonces, Daniel dijo con voz soñolienta: «Estoy bien. Tuve un buen sueño. ¿Qué me dices de ti? ¿Dormiste bien?». Dios mantuvo a salvo a Daniel.

El rey estaba feliz y enojado a la misma vez: feliz de que los leones no se hubieran comido a Daniel, pero enojado con sus funcionarios que lo habían engañado. El rey arrojó a esos funcionarios en el foso de los leones donde se convirtieron en el almuerzo para los leones.

58. La tarea de Jonás
JONÁS 1–4

Dios le dio a Jonás una tarea para que hiciera. Jonás, un hebreo, amaba a Dios, pero no quería hacer este trabajo. EN REALIDAD, no quería hacer esta tarea. Por lo tanto, decidió huir. Pensó: «Me subiré a un barco y me iré lo más lejos que pueda».

¿De qué tarea estaba huyendo Jonás? Dios le dijo a Jonás que fuera a la gran ciudad de Nínive, en el país de Asiria. Tenía que decirles a las personas que su pecado era muy malo. Tenía que decirles que se arrepintieran. Si los ninivitas no se arrepentían, los destruirían.

Mientras Jonás se dirigía hacia el puerto, se dijo: «Los asirios son nuestros enemigos. A ellos les gustaría destruir a Israel, mi país. Sé que Dios es un Dios de misericordia. Si voy allí, les predico y se arrepienten, Dios tendrá misericordia de ellos. Quiero que los destruya».

El corazón de Jonás latía rápido mientras daba el dinero y se subía al barco que lo llevaría a Tarsis. Tarsis estaba en la dirección contraria a Nínive. Jonás corrió a montarse en el barco y se puso fuera de la vista. «Ahora», pensó, puedo huir del Señor». Se quedó dormido.

Dios sabía con exactitud dónde estaba escondido Jonás. Él envió una gran tormenta que estremeció el barco y atemorizó a la tripulación y a los pasajeros. Ellos encontraron a Jonás. Él les dijo todo. Reconoció que él era la causa de la tormenta que se iba empeorando.

«¿Qué vamos a hacer?», gritó la tripulación.

«Solo hay una cosa que hacer... tírenme del barco», respondió Jonás.

Dios, que todavía amaba a Jonás, le había preparado un rescate sorpresa. Un gran pez se tragó a Jonás. Durante tres días y tres noches, Jonás tuvo tiempo para pensar de nuevo en esa tarea. Él le dijo a Dios que le alegraría hacerla. Entonces, Dios habló con el pez y escupió a Jonás en tierra firme.

Jonás se levantó y fue a Nínive. Andaba por las calles gritando: «Dentro de cuarenta días Nínive será destruida». La gente le creyó a Jonás. El rey le creyó a Jonás. Él le dijo al pueblo: «Todo el mundo debe orar a Dios con todo su corazón. Quizá Dios cambie de idea y deje de estar enojado con nosotros, así no moriremos». Dios vio que ellos eran sinceros y no los destruyó.

Esto hizo que Jonás se enojara mucho y le dijo a Dios: «Ves, es justo como pensé que sería. Tú eres un Dios bondadoso y cariñoso que muestras compasión. Yo quería la destrucción de los asirios».

Dios le dijo: «Jonás, yo te di una tarea para que la hicieras. Tú la hiciste. Ahora, es el momento de que entiendas de que amo de verdad a este pueblo. Ellos no son israelitas, pero aun así los amo. Tu próxima tarea es aceptar lo que he hecho y estar agradecido de que ame a TODAS las personas».

59. Historia

El pueblo de Israel estaba en el país que se les había prometido.

A veces, servirían a Dios con fidelidad. En otras ocasiones, olvidarían a Dios y lo desagradarían.

Durante los siguientes cuatrocientos años, hubo muchos gobernantes en la tierra de Israel. Venían unos tras otros: los griegos, los egipcios, los arameos.

A un tiempo, por unos cien años, los hebreos fueron libres de verdad. Fue cuando los macabeos, una familia de líderes judíos, mantuvieron a los enemigos fuera de Israel.

Sin embargo, con el tiempo, los judíos se olvidaron de Dios y otra vez los gobernó un país extranjero. Este fue Roma. El rey romano envió a Herodes para que fuera el gobernador de los judíos. Él era muy malo y cruel. El pueblo lo odiaba. Herodes hizo una cosa buena. Reparó la casa de adoración que construyó Salomón. Él hizo esto con la esperanza de caerles bien a los judíos.

Los judíos deseaban ser libres. Anhelaban que Dios les enviara un poderoso gobernante que haría a Israel una gran nación de nuevo.

Durante cuatrocientos años no hubo ni una palabra de Dios.

60. Zacarías y Elisabet
LUCAS 1

Zacarías era sacerdote. Elisabet era su esposa. Ellos eran viejos y se sentían desilusionados. Siempre habían deseado tener hijos. Ahora, era demasiado tarde.

Un día, Zacarías vino feliz y emocionado a casa. Le dijo a Elisabet: «Tú sabes que los sacerdotes se turnan para entrar al Lugar Santísimo en la casa de Dios y hacer los actos de adoración. Mañana será mi turno para hacer esto».

Al día siguiente, dentro del Lugar Santísimo, Zacarías vio un ángel junto al altar. Estaba muy sorprendido y un poco temeroso.

—No tengas miedo —le dijo el ángel—. Te traigo buenas noticias. Tú y Elisabet van a tener un bebé. El bebé será un varón. Debes llamarlo "Juan". Cuídalo bien porque Dios tiene un trabajo especial para que él haga. Preparará el camino para el Salvador que viene.

Zacarías no creía esto y así lo dijo.

—Esto no puede pasar. Mi esposa y yo somos demasiado viejos para tener un bebé.

—Te probaré que esto es cierto —le dijo el ángel—. Tú no podrás hablar ni una palabra hasta después que nazca el bebé.

Tal y como le dijo el ángel, Zacarías no pudo hablar hasta después que llegó el bebé y le puso por nombre Juan. Este bebé creció para convertirse en Juan el Bautista, quien le anunció a todo el pueblo que venía Jesús, el Hijo de Dios.

61. Lo que dijo un ángel

LUCAS 1

A su debido tiempo, Dios envió a su Hijo al mundo. Esto fue lo que sucedió.

En el pueblo de Nazaret, vivía una joven llamada María. Ella amaba a Dios y tenía un corazón puro. Ella estaba comprometida para casarse con José, un buen hombre, que amaba también a Dios.

Un día, Dios envió un ángel para darle a María un mensaje importante.

—No tengas miedo —le dijo el ángel—. Dios está contento con tu vida. Vas a ser madre y tendrás un Hijo. Le pondrás por nombre Jesús. María, tú has sido escogida para ser la madre del Hijo de Dios.

¡María estaba sorprendida! Pensaba: «¿Esto puede ser cierto?».

—Tú le pondrás por nombre Jesús —continuó el ángel—, porque Él es el Hijo de Dios.

—¿Cómo puede ser esto posible? No estoy casada y nunca he tenido un hombre —dijo María.

—Vas a quedar embarazada por el poder del Espíritu Santo —le dijo el ángel—. Al santo Niño que darás a luz le llamarán el Hijo de Dios.

María recordó su promesa de casarse con José. ¿Qué pensaría de esta noticia? ¿Qué dirían los vecinos? ¿Qué problemas les traería?

Sin embargo, María tenía una sencilla fe en Dios. Estaba dispuesta a obedecerlo.

—Estoy dispuesta. Que me suceda todo lo que me has dicho.

Cuando María le dijo a José lo que había pasado, él estaba muy preocupado. Tenía muchas preguntas. Una noche, poco después, Dios le envió un ángel a José y le dijo: «Es cierto lo que te dijo María. No te niegues a casarte con ella».

Por lo tanto, José tomó a María por esposa. Él velaba por ella y la protegía mientras esperaban el nacimiento de Jesús.

62. El nacimiento de Jesús
LUCAS 2

Los caminos que iban a Belén estaban llenos de personas. Algunos caminaban. Otros iban en caballos. María iba en un burro mientras que José caminaba a su lado.

Era casi el tiempo para el nacimiento del Hijo de Dios. Entonces, ¿por qué María y José iban para Belén?

El gobernador del país había ordenado que todo el mundo volviera al pueblo de su nacimiento para contarlos. Ellos no tenían otra opción. Tenían que ir.

Este viaje era difícil para María. El camino estaba lleno de baches. Los viajeros eran ruidosos.

«¡Muévanse a un lado!»

«¡Quítense de mi camino!»

«¡No sean tan lentos!»

José comenzó a preocuparse. ¿Dónde encontrarían un lugar para dormir esa noche? Tenía razón para preocuparse. ¡Belén estaba llena de gente! Ya habían alquilado todas las habitaciones. No había lugar para dormir.

José buscó por todas partes. Tenía que encontrar una habitación. ¡Iba a venir el Bebé!

Por fin, un amable hombre le dijo: «Puedo dejar que se queden en el lugar donde guardo mis animales. Es seco y caliente. Ustedes pueden estar solos. Es todo lo que puedo ofrecerles».

José y María estaban muy agradecidos por un lugar para quedarse.

Esa noche, nació el Hijo de Dios. María había traído algunas ropas de abrigo para el Pequeño. Ella cargó a Jesús en sus brazos. Lo miró y su corazón estaba lleno de asombro.

63. Llegan visitantes
LUCAS 2, MATEO 2

Los pastores vigilaban sus ovejas en las colinas cerca de Belén. El cielo estaba oscuro. Las estrellas brillaban. Pequeñas fogatas ardían para mantener calientes a los pastores. Ellos escuchaban el sonido que hacían las ovejas.

Como siempre, la noche era silenciosa y solitaria. Sin embargo, ¡esta noche no fue como cualquier otra noche! ¡Algo sucedió sin previo aviso!

Un ángel brillante vino a los pastores. Ellos estaban llenos de terror. El ángel les dijo: «No tengan miedo. Les traigo las mejores noticias que el mundo haya escuchado jamás. El Hijo de Dios nació esta noche. Él está en Belén. Lo encontrarán en el lugar

donde se alimenta al ganado. Vayan y adórenle».

Ahora, muchos ángeles llenaron el aire y juntos decían: «Honren a Dios en el cielo más alto y paz para los hombres en la tierra».

Los pastores dijeron: «¡Vayamos!». Se fueron rápido y encontraron todo lo que les dijo el ángel. Adoraron a Jesús y regresaron a sus ovejas. Sus corazones estaban llenos de alegría.

Luego, cuando la pequeña familia vivía en una casa, llegaron más visitantes. Estos visitantes habían venido de un país distante. Eran tres hombres sabios. Una estrella brillante los había guiado.

Cuando los sabios encontraron a Jesús, le dieron regalos muy costosos y lo adoraron.

María pensaba en los visitantes: pastores, ángeles y hombres sabios. Sus visitas confirmaron lo que María ya creía: Jesús era en verdad el Hijo de Dios.

64. ¡Perdido a los doce años!
LUCAS 2

«José, por favor, busca a Jesús. Tenemos que comer», le dijo María.

Era cerca del final de un largo y emocionante día. El día era al final de una larga y emocionante semana.

Cada año, José, María y Jesús iban a Jerusalén para la Fiesta de la Pascua. Ellos viajaban con un grupo grande de familiares, amigos y vecinos. Los niños jugaban juntos. Las mujeres reían juntas. Los hombres conversaban entre sí. En Jerusalén, fueron a la Casa de Dios para orar. Tenían ceremonias para recordar todo lo que Dios había hecho por ellos. Visitaban familiares y amigos, y juntos comían maravillosas comidas. ¡Era muy divertido! Ahora, viajaban de regreso a casa.

«No puedo encontrar a Jesús en ninguna parte», dijo José cuando regresó. Había preocupación en su voz.

Jesús ya tenía doce años. Tenía la edad suficiente para viajar con los hombres. María pensaba que Él estaba con ellos. José pensaba que estaba con los niños mayores. ¡Habían viajado un día entero y Jesús no estaba con ellos en modo alguno!

¿Dónde podría estar Jesús? ¿Qué podrían hacer María y José? Solo había una cosa que hacer. Regresarían a Jerusalén para buscarlo.

Mientras se apresuraban, María dijo: «Jesús siempre obedece. Se puede confiar en Él, así que, sin lugar a dudas, creía que venía con el grupo». Había mucha preocupación en su voz.

En Jerusalén, fueron a las casas de cada familiar. Nadie había visto a Jesús. Visitaron a cada amigo. Ninguno de ellos sabía dónde podría estar Jesús. Ya la búsqueda había tomado dos días. María y José estaban temerosos de verdad.

En ese mismo momento, Jesús estaba en la Casa de Dios. Él había estado allí todo el tiempo. Ahora que tenía doce años, Él sentía, de una manera especial, que Dios era su Padre. Dios tenía una tarea especial para que Él hiciera. La Casa de Dios era el mejor lugar para aprender más acerca de esto.

Jesús hablaba con los maestros en la Casa de Dios. Él les hacía preguntas. Ellos le hacían preguntas a Él. Todos los maestros estaban sorprendidos por lo que decía Jesús. Todos se preguntaban cómo este muchacho podría entender tanto. Las horas pasaban. Los maestros le daban a Jesús comida y una cama. Luego, seguían hablando.

En el tercer día, María dijo: «Creo que deberíamos ir a la Casa de Dios y orar. Debemos pedirle ayuda a Dios».

Allí vieron a Jesús. Los maestros estaban todavía hablando con Él y escuchándolo a Él.

Su madre preguntó: «Hijo, ¿por qué nos has hecho esto? Hemos estado muy preocupados por ti». Jesús respondió: «¿Por qué me buscaban? ¿No sabían que yo tenía que estar en la casa de mi Padre?». María no entendió esas palabras hasta años más tarde.

Jesús regresó a casa con María y José y los obedecía en todas las cosas.

65. Jesús comienza su trabajo
MATEO 3, MARCOS 1, LUCAS 3, 4

Mientras pasaban los años, Jesús crecía en su mente, en su cuerpo y en su espíritu. Cuando tenía unos treinta años de edad, se enteró que un hombre llamado Juan estaba predicando un mensaje de Dios.

Este Juan era el hijo de Elisabet y de Zacarías. Él hablaba con palabras poderosas y le decía a la gente que se arrepintiera de sus pecados. Cuando se arrepentían, Juan los bautizaba en el río Jordán.

«¿Eres tú el que Dios prometió que vendría para salvarnos?»

«No, yo no soy, pero estoy preparando el camino para Él», respondía Juan.

Un día, Jesús se acercó y le dijo: «Juan, este es el momento para que me bautices. Mi trabajo para Dios está a punto de comenzar». Así que Juan bautizó a Jesús. Cuando Jesús salió del agua, una voz del cielo dijo: «Este es mi Hijo. Yo lo amo mucho».

Jesús se fue a un lugar desierto para orar. Él quería que Dios, su Padre, lo guiara y le diera fortaleza. Él oró por mucho tiempo sin comer.

Luego, el espíritu del mal, llamado Satanás, vino a tentar a Jesús.

«Haz lo que yo te pida que hagas», insistió Satanás. «Entonces, todo el trabajo por el que te enviaron para que hicieras, lo harás sin dolor ni costo para ti».

«¡No! Yo no te escucharé», dijo Jesús. «Yo haré el trabajo de mi Padre como Él quiere que lo haga. ¡No buscaré el camino fácil!»

Jesús regresó del desierto. Él comenzó a pedirles a ciertos hombres que fueran sus ayudantes. Tenía un gran trabajo que hacer y ese era el momento para comenzar.

66. Agua en vino
JUAN 2

¡Era un día hermoso! ¡Era un día feliz! ¡Era el día de una boda^G!

A Jesús, su madre María y a los discípulos de Jesús los habían invitado a una boda en el pueblo de Caná, en la región de Galilea.

Todo el mundo estaba contento, excepto el hombre que estaba encargado de la fiesta de boda. Estaba preocupado. ¡Preocupado de verdad! Habían venido más personas de las que se esperaban. No tenían más vino. ¡Qué vergüenza sería para la familia! ¿Qué podría hacer?

María se enteró del problema. Ella habló con Jesús: «No tienen más vino. ¿Puedes hacer algo?». Jesús respondió: «Aún no es el tiempo para que yo haga grandes obras».

Sin embargo, Jesús sintió preocupación por la familia. María les dijo a los ayudantes de la boda: «Hagan todo lo que Él les diga que hagan».

Seis grandes tinajas^G de piedra había allí en la casa donde se preparaba la comida. Jesús les dijo a los ayudantes que las llenaran hasta arriba con agua. Luego, les dijo: «Tomen un poco y dénselo al encargado de la fiesta».

El encargado probó el agua que se había convertido en vino. Era el mejor vino que hubiera probado jamás. Fue a ver al hombre que se acababa de casar y le dijo: «¿Qué estás haciendo? Por lo general, el mejor vino se sirve primero. Después, al final de la fiesta, se sirve el vino que no es tan bueno, pero tú has guardado el mejor vino para el final».

Esta fue la primera vez que Jesús hizo lo que ningún otro hombre podría hacer. A esas obras poderosas se les llama milagros y Jesús los hizo para mostrar que Él era el Hijo de Dios.

67. Cómo se nace de nuevo
JUAN 3

El cielo nocturno estaba lleno de estrellas. El viento agradable y tibio pasaba por las palmeras y las higueras. Las ramas y las hojas se movían de un lado a otro.

Jesús se sentó en la azotea de una casa en Jerusalén. Él esperaba un visitante. Este visitante esperado era un gran maestro. Era un hombre orgulloso y religioso. Era un poderoso líder de los judíos. Era un fariseo.

La mayoría de los fariseos odiaba a Jesús. Quizá fuera por esto que el visitante le pidiera venir de noche. A lo mejor tenía miedo. O, es posible que la noche fuera el único momento en el que los dos hombres tan ocupados podrían encontrar tiempo para tener una larga y tranquila conversación.

Jesús escuchó que el visitante feliz subía los escalones.

—Bienvenido, Nicodemo, me alegra verte.

Nicodemo se alegraba también de ver a Jesús. Nicodemo dijo que muchas veces había oído hablar a Jesús en los campos. Muchas veces lo había visto haciendo milagros.

—Maestro, nosotros sabemos que tú has venido de Dios. Nadie puede hacer lo que tú haces a menos que Dios esté con él.

Jesús no perdió tiempo. Así que habló de lo más importante.

—Nicodemo, tú debes nacer de nuevo —le dijo.

¡Nicodemo estaba sorprendido!

—¿Cómo puede un hombre entrar en el cuerpo de su madre y nacer por segunda vez? —le dijo Nicodemo, pues él no entendía todavía, y gritó—: ¿Cómo puede ser esto?

—Nicodemo, ¿sientes el viento soplando?

—Sí.

—¿Ves moverse las ramas y las hojas?

—Sí.

—El viento es real. Lo que hace es real, pero no puedes verlo. Cuando tú naces de nuevo por el Espíritu, lo que sucede es real, pero tú no puedes ver el Espíritu de Dios, al igual que no puedes ver el viento.

»Nicodemo, ¿recuerdas cuando Moisés levantó la serpiente en el desierto? (Números 21). Las serpientes habían mordido a muchas personas. Si alguno de ellos miraba a la serpiente de bronce en lo alto de una larga vara, se ponían bien. De la misma manera, el Hijo de Dios debe ser levantado en una cruz y cualquiera que ponga su confianza en Él tendrá un nuevo nacimiento y una vida que dura para siempre.

»Pues Dios amó tanto al mundo que dio a su único Hijo, para que todo el que crea en él no se pierda, sino que tenga vida que dure para siempre (Juan 3:16).

Nicodemo le dio las gracias a Jesús, bajó las escaleras y salió a la noche. Lo vemos dos veces más. Una vez, Nicodemo discutió con los fariseos por condenar a Jesús sin escucharlo. La última vez que vemos a Nicodemo es en la cruz en la que levantaron a Jesús. Ayudado por José de Arimatea, se llevó el cuerpo de Jesús. Los dos hombres se llevan el cuerpo de Jesús y lo envuelven con largas piezas de tela y una mezcla de especias^G. Nicodemo trajo las costosas especias: unos treinta y cuatro kilos de ellas. Juntos, José y Nicodemo pusieron el cuerpo de Jesús en la tumba. Nunca vemos de nuevo a Nicodemo.

¿Crees que Nicodemo había nacido del Espíritu?

68. Una mujer, un pozo
y dos tipos de agua

JUAN 4

A la gente que vivía en el país donde vivía Jesús se le llamaba judía. Un país cercano se llamaba Samaria y a su gente se le llamaba samaritana. Los judíos y los samaritanos no se llevaban bien. Los judíos viajaban muchos kilómetros extra para no pasar por Samaria.

Un día, Jesús decidió viajar por Samaria. El viaje había sido largo y caliente. Jesús y sus seguidores estaban cansados y hambrientos. Los seguidores fueron a un pueblo cercano para comprar pan. Jesús descansaba en un pozo.

Una samaritana vino a sacar agua del pozo.

—Dame de beber —le dijo Jesús.

La mujer estaba sorprendida y le dijo:

—Tú eres judío. Yo soy samaritana. ¿Por qué me pides de beber? Tú sabes que los judíos y los samaritanos nunca hablan entre sí.

—Tú no sabes quién es el que habla contigo. Si lo supieras, tú le pedirías a Él y Él te daría agua que da vida —le dijo Jesús.

—¡Qué! —dijo la mujer—. Este pozo es profundo. Tú no tienes con qué sacar agua.

—Si tú bebes el agua de este pozo —le respondió Jesús—, pronto tendrás sed de nuevo. Si tú bebes del agua que yo doy, esa agua se convertirá en un manantial de vida que dura para siempre.

Jesús estaba hablando del Espíritu de Dios que satisface a nuestro espíritu.

Jesús y la mujer conversaron. Jesús lo sabía todo acerca de su vida. Ella estaba asombrada.

—Sé que los judíos están esperando la venida de Cristo —le dijo—. Cuando Él venga, nos lo explicará todo a nosotros.

—Ese soy yo, el que habla contigo —le dijo Jesús.

La mujer dejó su agua y corrió al pueblo. Ella dijo: «Vengan a ver a un Hombre que me dijo todo lo que yo he hecho. ¿Este no será el Cristo?».

¡La gente estaba entusiasmada! Fueron a ver a Jesús. Le pidieron que se quedara con ellos. Jesús se quedó allí dos días.

Muchas personas creyeron en Jesús y recibieron el agua que da vida. Ellos le dijeron a la mujer: «¡Nosotros creemos! No es por lo que dijiste acerca de Jesús, sino porque lo hemos escuchado nosotros mismos. Ahora, sabemos con seguridad que Él es el Cristo, el Único que salva del pecado».

69. Un hoyo en el techo
MARCOS 2, LUCAS 5

Jesús se sentó en una casa para enseñar. Muchos sacerdotes orgullosos y muchos maestros de las leyes de la religión estaban sentados también en la casa.

Cada vez más personas venían para escuchar. La casa estaba llena. La gente seguía viniendo. Ahora, nadie podía entrar. La multitud se quedó fuera de la casa. Incluso, vinieron más personas para escuchar a Jesús.

En el pueblo, había un hombre que no podía mover su cuerpo. Él les dijo a sus buenos amigos: «Me enteré que Jesús está en una casa cerca de aquí. Si puedo llegar a Él, estoy seguro de que Él puede sanarme».

«Te llevaremos a Él», dijeron sus buenos amigos. Lo pusieron en una cama plana hecha de tela. Se fueron llevando a su amigo por la calle. Iban de un lado a otro hasta que llegaron a la casa donde estaba enseñando Jesús.

¡Ay! ¡No! ¡Qué desilusión! No podían entrar a la casa. La multitud no los dejaba pasar. El hombre que no podía moverse dijo: «Tendremos que regresar a casa. Siento que les diera tantas molestias».

«¡Espera!», dijeron sus amigos. «Hay una manera de llegar a Jesús». Ellos cargaron al enfermo por las escaleras hasta la azotea de la casa.

Hicieron un hoyo en el techo sobre el lugar donde estaba sentado Jesús.

Jesús vio que los amigos tenían gran fe. Él estaba contento. Jesús le dijo al hombre que no se podía mover: «Tus pecados te son perdonados».

«¿Qué?», pensaban los sacerdotes y los maestros de la ley. «¿Quién es este Hombre que habla como si Él fuera Dios? Solo Dios puede perdonar pecados».

Jesús conocía sus pensamientos y dijo: «¿Qué es más fácil decir: "Tus pecados te son perdonados" o "Levántate y anda". Dios me da el poder y me permite hacer las dos cosas».

Jesús le dijo al hombre que no se podía mover: «Levántate, toma tu cama y vete a tu casa». El hombre hizo lo que le dijo Jesús y se fue por su camino, dándole gracias a Dios.

La multitud comenzó a darle gracias a Dios y a decirse los unos a los otros: «Hoy hemos visto cosas asombrosas».

70. Cómo ser feliz
MATEO 5

Jesús les pidió a doce hombres que fueran sus seguidores especiales. A ellos se les llamaban los Doce Discípulos. Sobre todo, Jesús quería enseñarles a los Doce, para que ellos pudieran convertirse también en maestros.

«Vengan y suban a la montaña conmigo», les dijo Jesús. «Allí les enseñaré muchas cosas».

No solo vinieron los discípulos, sino una multitud también.

Ese día el cielo estaba azul. Las nubes estaban blancas. Había flores en la verde hierba sobre la ladera de la montaña. Ese día Jesús le enseñó a la gente cómo ser feliz y cómo agradar a Dios. Él dijo:

Ustedes serán felices si no son orgullosos. No dependan de ustedes mismos. Dependan de Dios.

Aun cuando lloren y estén tristes, ustedes se sentirán felices porque Dios estará con ustedes y les dará de su paz y de su esperanza.

Los que son amables serán felices porque Dios les dará la tierra.

Cualquier persona que quiera estar en bien con Dios será feliz porque Dios llenará y satisfará su vacío corazón.

Si ustedes son misericordiosos con otros, se alegrarán cuando otros sean misericordiosos con ustedes.

Los que tienen un corazón puro son felices porque ellos verán a Dios.

Aun cuando la gente sea mala con ustedes, alégrense porque ustedes son parte de la familia de Dios.

En esa hermosa montaña la gente escuchaba y aprendía cómo ser feliz. ¿Tú quieres ser feliz? ¡Esas palabras son para ti también!

71. La tormenta le obedece a Jesús

MATEO 8, MARCOS 4, LUCAS 8

Jesús había estado enseñando durante todo el día junto al mar de Galilea. Ahora, estaba anocheciendo. Jesús les dijo a sus discípulos: «Crucemos a la otra orilla».

A menudo, algunos de los discípulos salían a pescar, así que sabían cómo navegar en barcos. Conocían el mar, las tormentas y el peligro.

Jesús y los discípulos comenzaron a cruzar el agua. Les acompañaban otros barcos pequeños.

Jesús estaba muy cansado, así que se fue a la parte de atrás del barco y se quedó dormido.

Una fuerte tormenta se presentó. El cielo se oscureció. Comenzaron a soplar vientos violentos. El barco iba de un lado a otro. Las olas eran altas. El barco se estaba llenando de agua.

Los discípulos estaban muy asustados. Todo el mundo estaba en un terrible peligro. El barco estaba a punto de hundirse.

Ellos despertaron a Jesús, gritando: «Maestro, ¿no te preocupa que estemos a punto de morir?».

Jesús se levantó y les habló a los vientos: «¡Dejen de soplar!». Al mar le dijo: «¡Hagan silencio! ¡Cálmense!».

Al instante, los vientos dejaron de soplar. Las olas desaparecieron. Estaban completamente en calma.

Jesús les dijo a sus discípulos: «¿Por qué están asustados? ¿No tienen fe?».

Los discípulos se miraron los unos a los otros. «¿Qué clase de Hombre es este? ¡Hasta los vientos y las olas le obedecen!» Ellos sabían que este era el Único en quien podían tener fe.

72. Un almuerzo pequeño, un gran regalo
JUAN 6

—**M**adre, quiero ir a escuchar al maestro que se llama Jesús —dijo un muchacho—. Tendré que caminar mucho. Voy a estar fuera todo el día. ¿Me prepararías el almuerzo?

—Sí —le dijo la madre—. Aquí tienes cinco panecitos y dos pescaditos. Puedes tomarlos.

—Gracias, madre —le dijo el muchacho.

Cuando el niño llegó, ya había miles de personas escuchando las enseñanzas de Jesús.

Jesús miró a todas las personas. Sabían que estaban hambrientas. Él le preguntó a Felipe, su discípulo:

—¿Dónde podemos comprar pan para alimentar estas personas?

—¿Comprar pan? —respondió Felipe—. Es imposible. No podemos comprar pan. No hay ningún mercado por aquí cerca. Si lo hubiera, tenemos muy poco dinero para comprarle a cada persona aunque fuera un pedacito de pan.

—Busquen por los alrededores y vean si alguien en la multitud tiene comida —les dijo Jesús a sus discípulos. Él sabía que la habría.

—Niño, ¿tienes comida en tu bolsa? —le preguntó Andrés, uno de los discípulos.

—Sí, cinco panecitos y dos pescaditos —respondió el muchacho.

—¿Estarías dispuesto a darle todo tu almuerzo a Jesús? —le preguntó Andrés.

—Bueno, yo tengo mucha hambre. El camino es largo para llegar a casa. En cambio, ¡sí! Me alegrará darle mi almuerzo a Jesús —dijo el muchacho.

Jesús tomó el pan y el pescado, y comenzó a partirlos en pedazos. Eran cada vez más y más. Los discípulos trabajaban rápido para darle la comida a la gente.

Ese día, Jesús alimentó a cinco mil hombres, y también a las mujeres y los niños. Todos tenían suficiente. Es más, había muchísimo. Se llenaron doce cestas de la comida que sobró. ¿Crees que el niño llevó a casa una de esas doce cestas para su madre?

73. Lo que pasó en una montaña

MATEO 17, MARCOS 9, LUCAS 9

«Vengan Pedro, Jacobo y Juan, mis buenos amigos. Vamos a subir a la montaña», les dijo Jesús.

Nosotros no sabemos de lo que hablaban los cuatro hombres mientras subían cada vez más alto. Nosotros sabemos lo que pasó cuando llegaron a la cima. ¡Lo que sucedió fue asombroso!

Pedro, Jacobo y Juan estaban cansados por la larga subida a la montaña. Se quedaron dormidos. Jesús oró. Mientras oraba, su rostro se puso brillante como el sol. Sus ropas se pusieron blancas como la nieve. Dos hombres, Moisés y Elías, vinieron del cielo para hablar con Jesús. Ellos hablaron del momento en el que habría de morir Jesús.

Pedro, Jacobo y Juan se despertaron. Vieron a Jesús hablando con los dos hombres. Toda la luz los rodeaba. ¡Era una vista maravillosa!

Pedro era un hombre que siempre tenía algo que decir. Incluso cuando no sabía qué decir, él decía algo. Ahora, dijo con emoción: «Es bueno estar aquí. ¡Hagamos lugares para vivir y quedarnos aquí!».

Justo entonces una nube los cubrió a todos. La voz de Dios salió de la nube. «Este es mi Hijo amado. Escúchenlo y hagan lo que les dice Él».

La nube desapareció y allí solo estaba Jesús.

Jesús y sus discípulos descendieron de la montaña. Jesús habló con seriedad y dijo: «No le cuenten a nadie lo que han visto hasta después que yo haya resucitado de entre los muertos».

Pedro, Jacobo y Juan no le dijeron una palabra a nadie. Sin embargo, en los días siguientes, los tres hombres se preguntaban a menudo: «¿Qué quiso decir Jesús con lo de "resucitar de entre los muertos"?».

74. ¿Quién será el más grande?
MATEO 18, MARCOS 9, LUCAS 9

Jesús y sus discípulos andaban por un camino. Los discípulos hablaban en voz baja. Estaban discutiendo, pero no querían que Jesús supiera lo que estaban diciendo. Llegaron a la casa a donde iban.

—¿Qué venían discutiendo por el camino? —les preguntó Jesús a sus seguidores.

Por lo tanto, ¡Él lo sabía! Más les valdría confesarlo.

—Queremos saber cuál de nosotros es el más grande ahora. Queremos saber cuál de nosotros será el más grande en el cielo.

Jesús le pidió a un niño que se parara delante de los discípulos. Entonces, Él dijo:

—A menos que tengan un cambio de corazón y lleguen a ser como un niño, no entrarán al cielo.

»Si no son orgullosos, al igual que este niño no es orgulloso, serán los más grandes —continuó Jesús—. El que es el menor entre ustedes es el más grande. Ustedes deben estar dispuestos a ser los últimos porque los últimos serán primeros. Ustedes deben estar dispuestos a ser siervos para los demás.

»Tengan fe como la tiene un niño —les dijo Jesús a sus discípulos—. Asegúrense de no hacerle daño ni odiar a uno de los niños. Si alguien le hace daño a un niño, sería mejor que nunca hubiera nacido. Les digo que ellos tienen ángeles que siempre le están mirando el rostro de mi Padre en el cielo.

Los discípulos escuchaban a Jesús y miraban al inocente niño. Estaban avergonzados de que hubieran discutido acerca de quién sería el más grande.

75. Alguien que se preocupó
LUCAS 10

—Quiero vivir para siempre en el cielo con Dios —le dijo un día un hombre a Jesús—. ¿Cómo puedo hacer eso?

—Tú conoces la ley. ¿Qué dice? —le preguntó Jesús.

—Dice que debo amar a Dios con todo mi corazón. Dice que debo amar a mi prójimo de la misma manera que me amo yo.

—Así es —le dijo Jesús—. Haz esto y todo estará bien.

—Sin embargo, ¿quién es mi prójimo? —le preguntó el hombre.

Jesús le contó esta historia.

Un día, un hombre viajaba por el camino de Jerusalén a Jericó. Iba solo. Tenía miedo. Justo esa mañana su esposa le había dicho: «Por favor, no viajes solo por ese camino. Alguien te robará».

Ahora, el hombre miró con el rabillo del ojo. Escuchó un ruido. Los ladrones estaban escondidos detrás de las rocas. Salieron detrás de él. Le robaron todo lo que tenía. Lo golpearon hasta que lo dejaron casi muerto. Luego, huyeron.

Un sacerdote pasó por el camino y vio al hombre. «No puedo hacer mucho por él», dijo y se fue por el otro lado del camino.

Al poco tiempo, vino otro hombre importante. «Este hombre necesita ayuda de verdad, pero si me detengo, llegaré tarde a mi reunión», dijo mientras seguía de largo.

Entonces, llegó un samaritano montado en un burro. Nadie esperaría que se detuviera porque los samaritanos y los judíos no se llevaban bien. Aun así, él se detuvo. Tuvo compasión del pobre hombre. Le puso medicina en las heridas del hombre. Montó al hombre en su propio burro y caminó a su lado. Llegaron a un lugar donde la gente pasaba la noche. El samaritano cuidó del hombre herido toda la noche.

Al día siguiente, el samaritano le dijo al dueño del lugar donde se habían quedado: «Aquí está el dinero. Cuida de este hombre. Si

esas monedas no son suficientes, te pagaré todo lo que gastes de más cuando venga por aquí otra vez».

Jesús preguntó: «¿Cuál de los tres hombres crees que fue el buen prójimo para el hombre que golpearon?».

La respuesta era clara. Fue quien tuvo compasión de él y quien se preocupó por él.

Jesús dijo: «Ve y haz lo mismo».

76. Jesús, nuestro Pastor
JUAN 10

Todo el mundo en el país donde vivió Jesús sabía de ovejas. Todo el mundo creció escuchando las palabras «El Señor es mi Pastor» y «Nosotros somos su pueblo, las ovejas bajo su cuidado»

Todo el mundo había visto a los pastores cuidando sus ovejas. El buen pastor iba delante de las ovejas y las guiaba. Nunca las empujaba. El buen pastor conocía a cada oveja por nombre. Las ovejas conocían la voz del pastor.

Todo el mundo conocía los lugares donde guardaban a las ovejas de noche. Esos lugares tenían cuatro paredes hechas de piedras. Había un lugar por donde podían entrar las ovejas, pero no había ninguna puerta que se cerrara. El pastor dormía en la abertura. Él era la puerta. Él protegía a las ovejas.

Por lo tanto, a todo el mundo le fue fácil comprender a Jesús cuando Él dijo: «Yo soy el Buen Pastor. Yo conozco mis ovejas y mis ovejas me conocen a mí. Yo soy la Puerta y cualquier persona que quiera entrar en el cielo a través de mí será salva del castigo por el pecado. Yo soy el Buen Pastor, yo doy mi vida por las ovejas. Nadie me quita mi vida. Yo la doy por mi propia voluntad».

El pueblo que escuchaba debe haber recordado de nuevo las palabras escritas hacía mucho tiempo:

«El Señor es mi Pastor...

Me deja descansar en la hierba verde...

Me guía junto a tranquilas aguas...

Me da fuerzas de nuevo...

Me da esperanza...

Me dará la bondad y el amor durante toda mi vida...

Entonces, me permitirá vivir con Él para siempre».

77. ¿Quién es rico?

LUCAS 12

Una vez, cuando Jesús estaba enseñando, miles de personas se reunieron para escucharlo. Jesús estaba enseñando acerca del pecado y la salvación. Estaba hablando acerca de lo mucho que Dios ama a los hombres y lo que los hombres deben hacer para obedecer a Dios.

Sin embargo, un hombre en la multitud no estaba pensando en esas ideas importantes. Solo estaba pensando en una cosa: el dinero. Él exigió: «Maestro, dile a mi hermano que me dé el dinero de nuestro padre que debe ser mío».

Jesús le dijo: «Yo no estoy aquí para resolver tus discusiones sobre el dinero. Te digo que el dinero no es lo más importante en la vida. Déjame contarte una historia».

Había un hombre que era muy rico. Cada año sus campos producían grandes cosechas y él era cada vez más rico. Un año, la cantidad de granos era inmensa.

El agricultor miró sus campos y dijo: «¡Bien, bien! ¡Esto es bueno! Me estoy volviendo más rico». Entonces, dijo: «¡Ah! ¡Ah! ¡Esto es malo! No tengo un lugar para guardar todo este grano». Pensó que la situación era buena... y mala. Luego, dijo: «Esto es lo que haré. Derribaré los edificios de mis granos y construiré unos mayores. Voy a tener muchísimo dinero por muchos años. Puedo descansar, comer y divertirme».

Sin embargo, Dios le dijo: «¡Necio! Esta misma noche vas a morir y te quitarán el alma. Entonces, ¿quién disfrutará de todas esas cosas que has preparado para ti?».

Después, Jesús dijo: «Así le pasará a todo el que solo piensa en el dinero, pero no piensa en Dios».

78. El hijo perdido

LUCAS 15

Un joven se sentó en un campo con cerdos sucios y ruidosos a su alrededor. Solo tenía dos cosas: un estómago vacío y una mente llena de recuerdos.

Recordaba a su padre, a su madre y a su hermano mayor. Recordaba cómo le había suplicado a su anciano padre que le diera el dinero de su herencia^G. Su sabio padre rechazó su petición por mucho tiempo. Al final, el joven le había exigido el dinero. Ahora, él recordaba la triste y dolida mirada en los ojos de su padre cuando él dividió sus bienes entre sus dos hijos.

El joven se acordó de que puso su parte del dinero en una bolsa y se dirigió hacia un país lejano. Él podía escuchar de nuevo la voz de su padre diciendo: «Hijo mío, tú siempre puedes volver a casa».

Ahora, el joven recordaba el viaje. Había habido fiestas alocadas, maravillosas comidas y muchísimo vino. Su dinero había pagado por todas esas cosas. Hubo muchos amigos hasta que desapareció su dinero. Entonces, los «amigos» desaparecieron también.

Una gran hambruna^G vino al lejano país y el único trabajo que él pudo encontrar fue el de alimentar cerdos. El joven se sentó con los cerdos y pensó: «Aquí me estoy muriendo de hambre mientras allá en la casa los siervos tienen más alimentos del que pueden comer». Su padre le había dicho: «Tú siempre puedes volver a casa». ¿Se refería a él? Solo había una manera de averiguarlo. Él se levantó y dio el primer paso en el camino que lo llevaría de regreso a la casa de su padre.

El joven estaba aún muy lejos de la puerta cuando el anciano padre salió de la casa. Él vio a su hijo. Corrió a él y abrió sus brazos, lo abrazó^G y lo besó. El hijo estaba en los brazos de su padre y le dijo: «Padre, he pecado contra el cielo y contra ti. Ya no soy lo bastante bueno para ser tu hijo. Seré tu siervo».

«¡No! ¡No! ¡No!», gritó el feliz padre. «¡Tú eres mi hijo!»

El padre llamó a todos los siervos y comenzó a darles órdenes:

«¡Maten el ternero más gordo y hagamos una fiesta!»

«¡Preparen un baño, unas ropas limpias y un nuevo anillo!»

«¡Preparen la música y llamen a los vecinos!»

El anciano padre dijo con gozo: «Nos alegraremos juntos porque mi hijo se había perdido, pero lo hemos encontrado. Estaba muerto, ¡pero ahora está vivo! Ha vuelto a la casa de su padre. ¡Vamos a reunirnos y a celebrar!

79. Diez sanados, uno agradecido

LUCAS 17

En un pequeño pueblo entre Samaria y Galilea, vivían diez hombres que tenían una terrible enfermedad de la piel llamada lepra. A la gente que tenía esta enfermedad la llamaban leprosa.

Esta enfermedad era tan terrible que los que la tenían se marchaban de sus hogares. La ley decía que no podían acercarse a otras personas. No tenían a nadie que los cuidara y por eso estaban solos, enfermos, hambrientos y sin esperanza.

Nueve de los hombres eran de Galilea, pero uno era un extranjero. Era de Samaria. Cuando esos diez hombres se enteraron que Jesús estaba viajando por su pueblo, se dijeron los unos a los otros: «Vayamos a ver a Jesús. Quizá Él pueda ayudarnos».

Ellos se quedaron a cierta distancia de Jesús y gritaron: «¡Jesús!

¡Maestro! Mira nuestra mala condición. Estamos sin esperanza. Por favor, ¡ayúdanos! ¡Ten compasión de nosotros!».

Cuando Jesús los vio, tuvo compasión de ellos. Les dijo: «Vayan a presentarse a los sacerdotes». Por la ley, los sacerdotes tenían que decidir si un leproso se sanaba. Mientras iban de camino, su piel se volvió limpia y como nueva. Desapareció la terrible enfermedad. ¡Estaban sanados!

Uno de ellos, solo uno, regresó para darle gracias a Jesús. Fue el samaritano. Le dio gracias a Dios en voz alta. Se arrodilló a los pies de Jesús y puso su cara cerca del suelo. Dijo: «¡Gracias! ¡Oh! ¡Gracias! ¡Tú me has hecho bien! ¡Tú me has dado la vida de nuevo!».

Jesús dijo: «Se sanaron diez hombres. ¿Dónde están los otros nueve? ¿Este extranjero fue el único que regresó para dar gracias?».

Entonces, Jesús le dijo al samaritano: «Levántate y sigue tu camino. Tu confianza en Dios te ha sanado».

80. ¡Lázaro vive!

JUAN 11

«**D**ebemos pedirle a Jesús que venga», dijo Marta. «Sí», dijo María, «Lázaro está muy enfermo. Me temo que nuestro hermano va a morir».

Cuando Jesús recibió el mensaje, Él esperó dos días. Al final, les dijo a los discípulos:

—Vayamos a Betania. Lázaro, mi amigo, está durmiendo y debo despertarlo.

—Quizá sería mejor dejarlo dormir —argumentaron los discípulos.

—Quiero decir que Lázaro está muerto y lo traeré de vuelta a la vida —les dijo Jesús—. Voy a hacer esto para honrar a Dios y para que ustedes crean por completo en mí.

Cuando Jesús llegó a Betania, Lázaro llevaba cuatro días de muerto. Marta y María estaban llorando. «Jesús, si tú hubieras estado aquí, nuestro hermano no habría muerto».

Jesús les dijo: «Yo soy el que resucita de los muertos y les da vida. Cualquiera que ha puesto su confianza en mí, no morirá jamás. ¿Creen esto? Muéstrenme dónde está enterrado Lázaro».

Muchos amigos acompañaron a las hermanas y a Jesús. Ellos fueron al lugar donde habían cavado un gran hoyo en la ladera de la colina. En la entrada del hoyo habían puesto una piedra.

La gente estaba triste. Marta, María y Jesús estaban llorando.

—¡Quiten la piedra! —les dijo Jesús a los hombres.

—Pero Jesús —protestó Marta—, ¿crees que deberían hacerlo? Lázaro ha estado allí durante cuatro días. A esta altura, de seguro que habrá mal olor.

—Si crees —le respondió Jesús—, no debes preocuparte.

Él oró a su Padre y después ordenó a gran voz: «Lázaro, sal fuera!».

—Quítenle esa ropa. Denle una nueva —dijo Jesús—. ¡Dejen que se vaya! Ahora, ¡él es libre!

Todo el mundo estaba lleno de alegría, excepto algunos de los líderes religiosos. Ellos comenzaron a temer que Jesús fuera una amenaza para su poder y su posición. Así que a partir de ese día, comenzaron a planear cómo quitarle la vida a Jesús.

81. En sus brazos

MATEO 19, MARCOS 10, LUCAS 18

Jesús amaba a los niños.

Los discípulos deberían haber sabido esto.

Ellos habían visto que Él resucitó de los muertos a la hija de Jairo. Sabían acerca del hijo del oficial que había sido sanado. Ellos le habían preguntado a Jesús: «¿Quién es el más grande a los ojos de Dios?». Él había llamado a un niño para que se les parara delante y les dijo: «De cierto les digo que, a menos que ustedes sean como niños, no entrarán nunca en el cielo». Más tarde, Él les había dicho: «Cualquiera que recibe a un niño, me recibe a mí».

Sin embargo, era evidente que los discípulos lo habían olvidado, pues ahora Jesús les estaba hablando con enojo. «Dejen a los niños venir a mí. ¡No se lo impidan!».

Esto fue lo que sucedió. En ese día, Jesús había estado enseñando. Él estaba muy ocupado. Un grupo de madres se le acercó a Jesús y le dijo: «Por favor, toca a nuestros hijos y ora por ellos. Todo lo que pedimos es un toque».

Los discípulos se enojaron y les dijeron a las madres que se fueran. «¿No

se dan cuenta? Jesús está enseñando. Él está haciendo un trabajo importante. Está ocupado. Ustedes no deben hacerle perder su valioso tiempo».

Al oír Jesús lo que decían, fue cuando les dijo a los discípulos que dejaran venir a los niños. Él les recordó: «El cielo pertenece a estos niños y a los que llegan a ser como ellos: confiando y con un corazón puro».

Jesús recibió a los niños. Ellos se reunieron a su alrededor. Jesús tomó tiempo para escuchar sus risas y lo que decían. Las madres le habían pedido que tocara a sus pequeños. Sin embargo, Jesús hizo más. Él los tomó en sus brazos y los bendijo.

82. Encima de un árbol

LUCAS 19: 1-10

Las calles de Jericó estaban llenas de gritos, ruidos y voces altas. Jesús estaba pasando por la ciudad y todo el mundo estaba entusiasmado.

Había un hombre que deseaba en especial ver a Jesús. Este era Zaqueo, el cobrador de impuestos.

Zaqueo tenía un trabajo. Tenía una casa. Era muy rico. Zaqueo era también muy infeliz. No tenía un amigo en el mundo. La gente lo odiaba. Él sabía que era por lo que hacía. Cuando cobraba los impuestos, a menudo tomaba más de lo que debía. El dinero extra iba a sus propios bolsillos. Esto fue lo que lo hizo rico.

Zaqueo era muy infeliz por otra razón. ¡Era demasiado bajito! Esto NO era por lo que hacía, sino que toda su vida se habían reído de él por ser muy bajito.

Mucha gente decía que Jesús era bondadoso y bueno, un amigo para todo el mundo. ¡Zaqueo quería mucho verlo! Sin embargo, ¿cómo lo haría? Era tan bajito que nunca podría verlo por encima de toda la gente alta que rodeaba a Jesús.

Entonces, ¡Zaqueo vio la manera de resolver el problema! Cerca había un árbol con muchas hojas. Se subió y encontró un lugar para mirar hacia abajo. ¡Perfecto! Podría ver sin que lo vieran.

Jesús, que es un amigo para los que no tienen amigos, se detuvo debajo del árbol. (Él siempre sabe dónde estamos). Jesús dijo: «Zaqueo, baja ahora mismo, quiero ir a tu casa hoy».

¡Zaqueo no podía ni respirar! Jesús lo había encontrado. Jesús sabía su nombre. ¡Jesús quería comer con él! Zaqueo bajó con rapidez y llevó a Jesús a su casa.

Después que conoció a Jesús, Zaqueo les dio a los pobres la mitad de todo lo que tenía. A los que había engañado, les devolvió cuatro veces más de lo que había tomado. Él era un hombre cambiado y feliz. Todavía bajito, ¡pero feliz!

Jesús le dijo a Zaqueo: «La salvación ha venido hoy a esta casa, pues el Hijo del Hombre vino a buscar y a salvar lo que estaba perdido».

83. Una buena acción, siempre recordada

JUAN 12

Durante todo el día la casa de María, Marta y Lázaro había estado llena de alegres ruidos y de mucho trabajo. Estaban preparando una gran cena. ¡Jesús venía a comer con ellos! ¡La comida olía muy bien! ¡La casa estaba limpia! ¡La mesa estaba lista!

Jesús llegó. Mientras estaban comiendo, María salió de la habitación. Ella regresó con una botella de un perfume[G] muy costoso. María había dado mucho dinero por él. Ella derramó el perfume en los pies de Jesús. Un maravilloso olor llenó la habitación. Después, ella usó su largo y oscuro cabello para secarle los pies.

De inmediato, algunos comenzaron a criticar.

—¡Miren eso! ¡Vean lo que está haciendo!

—¿En qué está pensando? ¡Es una mujer muy malgastadora!

—Así es —estuvo de acuerdo Judas, uno de los discípulos—. ¿Por qué ese perfume no se vendió y se les dio el dinero a los pobres? ¡Valía el sueldo de un año!

Judas era el que guardaba la bolsa del dinero de Jesús y los doce discípulos. A él no le preocupaban los pobres. A él le preocupaba el dinero y a menudo robaba de la bolsa.

—¡Basta ya! —exigió Jesús—. ¡Déjenla en paz! Ustedes siempre tendrán a los pobres. Yo no voy a estar con ustedes por mucho tiempo. María me ha dado este regalo antes de que yo muera, a fin de prepararme para mi entierro.

»Ella ha hecho una cosa buena y hermosa —dijo después Jesús con dulzura—.

Dondequiera que se predique el evangelio, a ella la recordarán por este acto de amor.

La gente se quedó muy callada. Pensaban en lo que habían visto y oído. Sin embargo, Judas se enojó. Fue al sacerdote y le dijo:

—Si me dan dinero, yo los ayudaré a encontrar y prender a
Jesús.

—¿Cuánto dinero?

—Treinta piezas de plata.

—¿Tú traicionarás a tu Amigo por treinta piezas de plata? —le
preguntó el sacerdote sonriendo.

—¡Sí! —respondió Judas.

María dio su regalo porque ella amaba a Jesús. Judas traicionó
a Jesús porque él amaba el dinero.

84. Una pregunta con trampa
MATEO 22, MARCOS 12, LUCAS 20

—¡Tenemos que hacer algo! —dijeron los líderes religiosos, llamados fariseos, mientras hablaban entre ellos—. Si no lo hacemos, Jesús será más popular de lo que somos nosotros. Ya nos está quitando muchos de nuestros seguidores.

—¿Qué podemos hacer? ¡La gente lo ama!

—Debemos buscar la manera de hacer que la gente se enoje con Él.

—¿Pero cómo?

—¡Vamos a pensar!

Al final, un fariseo inteligente en especial dijo:

—¡Yo sé cómo hacerlo!

—¿Cómo? —querían saber todos los demás.

—El césar, el romano que gobierna nuestro país, nos hace pagar impuestos. La gente detesta pagar los impuestos. Nosotros le pondremos una trampa a Jesús con una pregunta. Llevaremos algunos de los romanos con nosotros. Iremos donde está enseñando Jesús. Le preguntaremos: "Maestro, ¿está bien pagarle impuestos al césar o no?"

»Si Jesús dice: "No", los romanos dirán que Él es un enemigo del gobierno. Si dice: "Sí", el pueblo se enojará mucho con Él. Cualquier respuesta meterá en problemas a Jesús.

Los fariseos y los romanos fueron y se pararon con la multitud y escucharon la enseñanza de Jesús. El fariseo inteligente en especial dijo con suaves palabras:

—Jesús, sabemos que dices la verdad. Sabemos que enseñas la verdad de Dios. Sabemos que no les temes a los hombres. Dinos lo que crees acerca de esta pregunta: "¿Está bien pagarle impuestos al césar o no?".

Jesús, que conocía sus corazones, les dijo:

—¡Ustedes son unos hipócritas^G! ¿Por qué tratan de atraparme? Muéstrenme una pieza del dinero.

Ellos le trajeron a Jesús una pieza del dinero.

—¿De quién es la imagen en esta moneda? ¿Cuál es el nombre que tiene escrito? —les preguntó Jesús.

—Del césar —le respondieron.

—Páguenle al césar las cosas que le pertenecen al césar —les dijo entonces Jesús—. Páguenle a Dios las cosas que le pertenecen a Dios.

Los fariseos y los romanos se marcharon. Estaban sorprendidos y maravillados de la respuesta. Su pregunta no le había hecho daño a Jesús. ¡La pregunta con trampa del fariseo los había atrapado a ellos!

85. La última cena
MATEO 26, MARCOS 14, LUCAS 22, JUAN 13

Cada año, todas las familias judías se reunían para una cena especial. Mientras comían, recordaban la vez en que Dios los sacó de Egipto. Sobre todo, recordaban que Moisés les había dicho que pusieran sangre en sus puertas. Entonces, la muerte no vendría al hijo mayor. A esta cena la llamaban la Fiesta de la Pascua.

Jesús quería tener la cena de Pascua con sus discípulos. Todo estaba preparado. Ellos estaban en una habitación del segundo piso. La comida estaba allí.

—Esta es la última cena que tendré con ustedes —les dijo Jesús—. Pronto, daré mi vida como un sacrificio por los pecados del mundo.

Jesús tomó un gran recipiente de agua y unos paños.

—Les lavaré los pies —les dijo. Él les estaba demostrando lo que significaba ser un siervo.

En la mesa, Jesús les habló con palabras muy directas:

—Uno de ustedes me va a traicionar. Él me va a entregar a esos que quieren matarme.

—Jesús, ¿quién es? —querían saber todos.

—Es ese al que le daré este pan —dijo y le dio el pan a Judas. Judas se puso de pie y salió con rapidez en la noche.

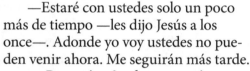

—Estaré con ustedes solo un poco más de tiempo —les dijo Jesús a los once—. Adonde yo voy ustedes no pueden venir ahora. Me seguirán más tarde.

—¿Por qué no? —le preguntó Pedro—. Yo te seguiré ahora. Moriré por ti.

—Pedro, ¿morirías por mí? —le respondió Jesús—. Por cierto, te digo que antes de que el gallo^G cante en la mañana, tú habrás dicho tres veces que no sabes quién soy yo.

El pequeño grupo alrededor de la mesa conversaba acerca de muchas cosas.

—No será fácil para ustedes después que me marche. Aun así, yo les enviaré al Espíritu Santo. El Espíritu Santo estará en sus corazones para guiarlos y para darles esperanza. Yo saldré de la tumba. Ustedes me verán de nuevo.

»Ahora —decidió Jesús—, terminó la comida. No hablemos más. Vayamos a un huerto tranquilo que está cerca donde podemos orar.

86. En el huerto
MATEO 26, MARCOS 14, LUCAS 22, JUAN 13,14

Judas, quien se había marchado de la cena con tanta rapidez, fue a ver a los sacerdotes. «Estoy aquí», les dijo, «para cumplir mi promesa. Síganme y yo les mostraré dónde encontrar a Jesús».

Los discípulos fueron a un lugar tranquilo llamado el huerto de Getsemaní. Jesús se llevó a Pedro, Jacobo y Juan junto a un camino y les dijo que se quedaran allí y oraran. Él se fue solo.

Jesús sabía lo horrible que sería su muerte. Oraba por fortaleza. Él regresó y halló a los discípulos durmiendo. Jesús les preguntó con tristeza: «¿No pudieron orar conmigo ni una hora?».

Jesús volvió a orar un poco más. Estaba orando con tanta fuerza que de su rostro caían gotas de sangre. Jesús clamó: «Padre mío, si es posible, guárdame por favor, de la muerte en la cruz. Pero si es tu voluntad, si tiene que ser, estoy dispuesto».

Cuando regresó, los discípulos estaban durmiendo de nuevo. Él les dijo que se levantaran, que era hora de partir.

Ellos vieron a un grupo de soldados que venía por el camino. Llevaban luces. Alguien le había dicho a Judas que, después de la cena, Jesús se había ido al huerto.

Judas salió de la oscuridad y besó a Jesús. Esa era la señal. Los soldados rodearon a Jesús.

—¿Qué quieren? —les preguntó Él.

—Queremos a Jesús. Hemos venido para llevárnoslo —le dijeron los soldados.

—Yo soy Jesús, el que quieren ustedes —les dijo Jesús.

Pedro estaba enojado y actuó en seguida. Sacó su largo cuchillo y le cortó la oreja a uno de ellos, llamado Malco.

—Pedro, Pedro, esta no es la manera de actuar —le dijo Jesús—. Guarda tu cuchillo.

Jesús le sanó la oreja a Malco.

Los soldados prendieron a Jesús. Ellos se lo llevaron al sacerdote más importante. Los discípulos huyeron en la noche.

87. Lo que dijo Pedro

MATEO 26, MARCOS 14, LUCAS 22, JUAN 18

Pedro quería saber lo que le pasaría a Jesús. Seguía muy por detrás a los soldados. Pedro los vio llevarse a Jesús a la casa del sacerdote más importante.

Dentro, ellos interrogaban a Jesús. Afuera, Pedro esperaba. La noche era fría. Pedro se paró junto a un fuego que ardía cerca.

Una muchacha, que era una sirvienta, miró a Pedro y dijo: «¡Yo te he visto antes! Tú estabas con este Jesús que está dentro de la casa». Pedro mintió delante de todos y dijo: «Yo no sé de lo que tú estás hablando».

Al poco rato, otra joven criada les dijo a los que estaban allí: «¡Miren! Este hombre es un amigo de Jesús».

Pedro tenía miedo. Él mintió de nuevo y juró: «¡Yo no conozco a este Hombre!».

Mientras Pedro hablaba con algunos de los hombres, le dijeron: «Sin duda, tú eres un seguidor de Jesús. Tú hablas como uno de ellos».

Pedro no solo tenía miedo, también era un cobarde. Comenzó a jurar y a decir malas palabras. Él gritó: «Ya se los dije, ¡yo no conozco al hombre!».

En ese mismo instante, un gallo dio su llamada de la mañana. Pedro se acordó de las palabras que le había dicho Jesús: «Antes de que el gallo cante, tú dirás tres veces que no me conoces».

¡Pedro estaba muy arrepentido! Se fue para estar solo y lloró, y lloró, y lloró.

88. En el camino a la cruz
MATEO 26–27, MARCOS 15, LUCAS 23, JUAN 19

A Jesús lo interrogaron los religiosos del tribunal supremo. Ellos le preguntaron si Él era el Hijo de Dios.

—Sí —dijo Él—, y un día me verán sentado junto a mi Padre en el cielo.

—¡Él dice ser el Hijo del Dios! ¿Qué haremos nosotros? —preguntó el tribunal.

—¡Debe morir! —dijo el pueblo.

Se reían de Jesús. Lo escupían. Lo golpeaban. Lo llevaron ante Pilato, el líder político de la región.

«Ellos dicen que tú afirmas que eres el Rey de los judíos. ¿Es eso cierto?», quería saber Pilato. «Sí, yo lo soy», respondió Jesús, «pero mi país no está en la tierra».

Pilato le dijo al pueblo: «Este hombre dice cosas raras, pero Él no ha hecho nada que merezca castigo. ¡Tal como gritan el pueblo y los oficiales! Pilato decidió enviar a Jesús a Herodes, el rey.

Herodes interrogó a Jesús. Sabía que Jesús no era culpable, pero no quería decirlo y hacer que la gente se enojara con él. Entonces, Herodes envió a Jesús de regreso a Pilato.

Todos los años, en el tiempo de la cena de Pascua, Pilato podía escoger a un criminal para liberarlo.

—¿A quién debo liberar, al asesino Barrabás o a Jesús? —le
preguntó Pilato a la multitud.

—¡Libera a Barrabás! —gritaron todos.

—Entonces, si libero a Barrabás, ¿qué voy a hacer con Jesús?

—¡Crucifícalo! ¡Crucifícalo! —gritó la multitud.

Pilato creía que Jesús no debía morir, pero no podía decirle
«no» al pueblo. Él tenía un recipiente de agua que le trajeron.
Pilato se lavó las manos y dijo:

—Me lavo de la responsabilidad por lo que ustedes me exigen
que haga. La culpa será de ustedes.

Los soldados de Pilato le pusieron un círculo de afiladas
espinas^G en la cabeza de Jesús. Le pusieron un hermoso manto
sobre Él. Se rieron y dijeron: «Aquí está el Rey de los judíos».

Luego, se lo llevaron para crucificarlo.

Judas vio la terrible cosa que había hecho. Les devolvió
las treinta piezas de plata a los líderes religiosos y les dijo:
«Tomen este dinero. Hice una cosa muy mala. Traicioné a
mi mejor amigo por este dinero. No lo quiero».

Los líderes le respondieron: «¡Demasiado tarde! Ahora ese
es tu problema». Judas lanzó el dinero y se marchó. Estaba tan
avergonzado y arrepentido que se fue y se quitó la vida.

89. La crucifixión de Jesús
MATEO 27, MARCOS 15, LUCAS 23, JUAN 19

Los soldados golpearon a Jesús. Lo hicieron cargar la cruz en la que Él moriría. Jesús había perdido tanta sangre que estaba muy débil. Al final, ya no podía pararse. Los soldados escogieron a un hombre de la multitud para que cargara la cruz por Jesús.

Llegaron a un monte llamado Calvario. La gran cruz fue colocada en el suelo. A Jesús lo clavaron en la cruz. Les pusieron los clavos en sus manos y en sus pies.

El extremo de la cruz lo pusieron en el suelo y la levantaron. Jesús estaba colgado entre el cielo y la tierra. Sufrió un inexplicable dolor por muchas horas. El mayor dolor se debía a que Él llevaba sobre sí todos los pecados del mundo. No había hecho nada malo, pero Él pagó el precio para el perdón de nuestros pecados. Él tomó nuestro castigo.

Ese día, crucificaron también a dos criminales. Uno de ellos, en la hora final, creyó en Jesús. Él dijo: «Jesús, por favor, acuérdate de mí cuando estés en el cielo». Jesús le dijo: «Este mismo día tú estarás conmigo en el cielo».

Los soldados se sentaron al pie de la cruz. Hacían un juego para ver quién se podía ganar el manto^G de Jesús.

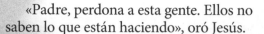

«Padre, perdona a esta gente. Ellos no saben lo que están haciendo», oró Jesús.

Desde el mediodía hasta las tres de la tarde hubo oscuridad sobre toda la tierra. Entonces, Jesús clamó a gran voz: «Mi Dios, mi Dios, ¿por qué me has dejado solo?». Jesús había llevado sobre sí nuestro pecado. Dios no podía mirar ese pecado.

Jesús dijo sus últimas palabras: «Todo ha terminado». Él había hecho todo lo que Dios le había pedido que hiciera.

Hubo un gran terremoto y las rocas se venían abajo. Algunos sepulcros^G se abrieron y los que estaban adentro volvieron a la vida.

Allí estaban María y otras mujeres. Los once discípulos habían regresado. Ellos observaban todo lo que estaba pasando. Uno de los soldados romanos observaba también. Él dijo: «En verdad, ¡este era el Hijo de Dios!».

90. El entierro de Jesús
MATEO 27, MARCOS 15, LUCAS 23, JUAN 19

José de Arimatea era un hombre rico. Era un seguidor de Jesús. Él fue a ver a Pilato y le preguntó: «¿Puedo quitar el cuerpo de Jesús de la cruz y enterrarlo?».

«Sí», le respondió Pilato.

José tomó el cuerpo de Jesús y lo envolvió en una sábana limpia. Luego, puso el cuerpo en un sepulcro nuevo. Nicodemo estaba allí también. Él trajo una caja grande con especias para ponérselas al cuerpo. Era el mismo hombre que vino a Jesús de noche preguntando cómo nacer de nuevo.

El sepulcro era un gran espacio que se había cavado en la roca en la ladera de una montaña. José y Nicodemo cubrieron la entrada de la tumba. Ellos empujaron una inmensa piedra y la pusieron delante del sepulcro. Luego, se marcharon.

Los líderes religiosos fueron a Pilato y le dijeron: «Nos enteramos que este hombre Jesús dijo que después de tres días Él volvería a la vida. ¡Claro que no lo creemos! Sin embargo, sus seguidores podrían robar su cuerpo y mentir en cuanto a esto. Creemos que se debe vigilar el sepulcro».

Pilato les dijo: «Tomen los soldados. Vayan y vigilen el sepulcro». Se fueron y pararon a los soldados frente al sepulcro. Les dijeron: «Ustedes deben vigilar con cuidado. No se deben ir a dormir. No deben permitir que nadie se acerque».

Dos mujeres, ambas llamadas María, los habían seguido de lejos y vieron dónde José y Nicodemo pusieron el cuerpo de Jesús.

Ellas se fueron a casa para preparar algunas especias y perfumes. El día de reposo estaba a punto de comenzar. No podían hacer nada ahora; tenían que descansar como la ley decía que hicieran. Entonces, el primer día de la semana regresarían y pondrían las cosas que huelen bien en el cuerpo de Jesús.

91. ¡Jesús vive!
MATEO 28, MARCOS 16, LUCAS 24, JUAN 20

El sol salió el primer día de la semana. Las mujeres que habían preparado las especias se dirigían al sepulcro donde pusieron a Jesús. Sin embargo, tenían un gran problema. Eran mujeres pequeñas y al sepulcro le habían rodado una gran piedra. Ellas ni siquiera sabían de los soldados.

¿Cómo podían hacer lo que querían hacer? «Bueno, no hay que darse por vencidas. Tenemos que intentarlo». Sabían dónde estaba el sepulcro. Sabían acerca de la piedra. Sabían que amaban a Jesús. Sabían que querían mostrar su amor trayendo las especias.

Aquí hay algunas cosas que no sabían. Muy temprano en la mañana, hubo un terremoto. Un ángel había quitado la piedra. Los soldados vieron al ángel y cayeron como si estuvieran muertos. En cuanto pudieron levantarse, los soldados huyeron aterrorizados.

Las mujeres llegaron al sepulcro. Estaban llenas de gozo y de asombro. ¡Habían quitado la piedra! El cuerpo de Jesús no estaba allí.

Vieron un ángel que les dijo: «Están buscando a Jesús que fue crucificado. ¡Él no está aquí! ¡Ha resucitado! Él está vivo y ustedes lo verán de nuevo, ¡justo como Él lo dijo! Vayan a decírselo a sus discípulos».

Las mujeres corrieron para decir lo que habían visto.

Los discípulos escucharon las noticias. Eran difíciles de creer. Pedro y Juan corrieron al sepulcro para verlo por sí mismos. Era cierto. ¡El sepulcro estaba vacío! ¡Jesús estaba vivo!

Muchas veces en los próximos cuarenta días, Jesús vino y habló con sus seguidores. Una noche, un grupo se reunió en un cuarto. Las puertas estaban cerradas. Jesús se apareció entre ellos. ¿Podría ser Jesús en realidad?

Jesús dijo: «Miren las heridas en mis manos y mis pies». Entonces, Él les dijo: «Todo lo que ha sucedido es para que se cumplan las Escrituras. Fue necesario que yo sufriera, muriera y resucitara de los muertos. Ahora, las buenas noticias de que los pecados pueden ser perdonados deben predicarse por todas partes».

92. Vamos a pescar
JUAN 21

¡A Pedro le gustaba pescar! Una noche, él les dijo a algunos de los otros discípulos: «Me voy a pescar». Ellos dijeron: «Iremos a pescar contigo».

Se montaron en un barco y se pusieron a pescar toda la noche. No pescaron ni un solo pez.

Temprano en la mañana, Jesús se paró junto al lago. Los discípulos no sabían que era Jesús.

—¿Pescaron algún pez? —les gritó Jesús.

—Ni uno —respondió un desilusionado Pedro.

—Tiren la red^G por la derecha de la barca, entonces sacarán peces —les gritó de nuevo Jesús.

Pedro pensó: «Toda la noche he tirado la red por la derecha de la barca y luego por la izquierda. La he tirado por el frente de la barca y por la parte de atrás. No hay pez que pescar. Sin embargo, para agradar a este hombre, quienquiera que sea, probaré de nuevo».

Ellos tiraron la red por la derecha. Al poco tiempo, la red se sintió muy llena. Estaba tan llena de pescados que no podían levantarla para meterla en la barca. En ese momento, entendieron. ¡El hombre era Jesús!

Pedro saltó al agua y nadó hasta Jesús. Los demás arrastraron la red con la pesca.

Ellos vieron pan y pescados en una fogata. Jesús les había preparado desayuno. Él les dijo: «Traigan algunos de los pescados que acaban de sacar». Ellos halaron la red hasta la tierra. Habían sacado ciento cincuenta y tres pescados.

Después del desayuno, Jesús habló con Pedro a solas. Pedro había dicho tres veces que no conocía a Jesús. Ahora, Jesús le preguntó tres veces a Pedro: «¿Me amas?». Pedro respondió cada vez: «Sí, te amo. Tú sabes que te amo».

Entonces, Jesús le dijo: «Pedro, debes pasarte la vida cuidando a esos que me siguen».

93. De regreso al Padre
MATEO 28, MARCOS 16, LUCAS 24, HECHOS 1

Jesús se mostró vivo de muchas maneras confiables. Una vez, Él se les apareció a más de quinientas personas en un lugar. Durante cuarenta días, Él continuó enseñándoles a sus seguidores.

Jesús les dijo: «Ustedes deben predicar que los hombres tienen que arrepentirse de sus pecados y volverse de ellos. Entonces, serán perdonados. Deben predicar esto aquí en Jerusalén, en los países cercanos y, luego, en todo el mundo».

Él les dijo: «Ustedes no tienen el poder ahora para predicar las buenas noticias. ¿Recuerdan que les prometí que enviaría al Espíritu Santo? Ustedes recibirán poder cuando el Espíritu Santo venga a sus vidas. Entonces, serán capaces de ir a todas partes para predicar el evangelio. Esperen aquí en Jerusalén hasta que se les dé el Espíritu Santo».

Jesús se dirigió con un gran grupo de sus seguidores hasta Betania. Él levantó sus brazos y oró por el pueblo.

Mientras la multitud observaba, Jesús fue llevado de ellos. Él subió y subió hasta que no pudieron verlo más.

La gente se quedó mirando hacia el cielo, viendo a Jesús volver al Padre. De repente, dos hombres vestidos de blanco se les acercaron. Ellos dijeron: «¿Por qué se quedan aquí mirando hacia el cielo? Este mismo Jesús que fue tomado de entre ustedes regresará de nuevo. Él volverá de la misma manera en que lo vieron subir al cielo».

¡Jesús regresaría! La gente pensaba en estas noticias mientras volvía a Jerusalén.

94. El Espíritu Santo

HECHOS 2

Judas se había ido. Los discípulos necesitaban a alguien que ocupara su lugar. Se decidió que un hombre llamado Matías sería el hombre adecuado para hacer esto.

Los seguidores de Jesús se quedaron en Jerusalén. A menudo, se reunían en un lugar para orar. Jesús les había dicho: «Les enviaré al Espíritu Santo para que les guíe y les dé esperanza. Esperen a que esto suceda». ¡Y sucedió!

Un día, cuando los seguidores de Jesús estaban orando, ocurrió algo poco común.

Hubo, de repente, un sonido del cielo como un poderoso viento. Este llenó la casa donde estaban. La gente que oraba veía sobre la cabeza de cada persona pequeñas llamas[G] de fuego. El Espíritu Santo vino al corazón de cada persona.

El Espíritu Santo hizo que los seguidores de Jesús fueran capaces de hablar en idiomas que nunca habían aprendido. En Jerusalén había muchas personas de varios países del mundo.

¡Ellos estaban sorprendidos! «¿Los que están hablando no son hombres de Galilea? ¿Cómo es que cada uno de nosotros puede escuchar en nuestro propio idioma lo que están diciendo?»

La mayoría de la gente pensaba que era maravilloso. Otros se reían y decían: «¡Estos hombres están borrachos!».

Pedro se paró y dijo: «Nosotros no estamos borrachos. Si ustedes conocieran las Escrituras, sabrían lo que está pasando. Joel, quien habló por Dios hace muchos años, dijo que Dios enviaría su Espíritu sobre todos los hombres. Él dijo que sucedería lo que ustedes ven hoy».

Luego, Pedro le predicó a la multitud. Él dijo: «Jesús, el Hijo de Dios, vino al mundo. Él hizo muchas obras maravillosas para mostrar quién era Él. A Él lo crucificaron por los pecados del mundo. Dios lo resucitó de los muertos. Jesús prometió que el Espíritu Santo vendría para ser nuestro Ayudador. Esto pasó hoy».

Pedro le dijo a la gente que se había reunido cómo arrepentirse y creer en Jesús. Ese día, unas tres mil personas se convirtieron en seguidoras de Jesús. Ese fue el comienzo de la iglesia.

95. Esteban, un hombre que decía la verdad

HECHOS 6,7

La iglesia crecía con mucha rapidez. Los discípulos necesitaban ayuda.

Ellos escogieron siete hombres que podían predicar y cuidar de los pobres. Esteban era uno de los siete.

Esteban era un hombre lleno de fe y de poder. Él hablaba la verdad. Algunas veces, la verdad hacía que los líderes religiosos se enojaran. Ellos vigilaban a Esteban para ver si podían acusarlo de algo. No podían decir nada malo en su contra. Por lo tanto, consiguieron personas para que acusaran falsamente a Esteban, para que dijeran mentiras acerca de él.

Entonces, los líderes religiosos le preguntaron a Esteban: «¿Son ciertas las cosas que la gente dice de ti?».

Esteban respondió al recordarles el plan de Dios que comenzó con Abraham y terminó con Jesús. Esteban les dijo: «Esto es lo que dice Dios: «Ustedes tienen corazones duros y oídos que no me escucharán. A sus primeros padres que hablaron de la venida de Jesús los mataron. Ahora, ustedes son los que mataron a Jesús, el Hijo de Dios"».

Esteban miró al cielo y dijo: «Veo a Jesús sentado a la derecha de Dios». El rostro de Esteban brillaba.

Los que escuchaban estaban enojados. Pusieron sus manos sobre sus oídos. Odiaban a Esteban porque él decía la verdad. Ellos clamaron a grandes voces. Lo empujaron. Lo sacaron de la ciudad y le lanzaron piedras.

A los hombres que lanzaban piedras les dio calor. Se quitaron sus mantos y los pusieron delante de un hombre que se llamaba Saulo.

La enfurecida turba siguió lanzando piedras. Las piedras eran grandes y afiladas. Esteban cayó al suelo. Clamó a gran voz: «Jesús, no tomes en cuenta este pecado en contra de ellos».

Entonces, murió.

96. Saulo, el guardián de los mantos

HECHOS 8, 9

Saulo les había cuidado los mantos de los hombres que apedrearon a Esteban hasta morir.

¿Quién era este Saulo? Era un hombre muy culto. Era un ciudadano romano muy considerado. Venía de una buena familia. Sin embargo, Saulo odiaba a los que creían en Jesús.

Saulo pensaba que estuvo bien que mataran a Esteban. La iglesia estaba creciendo rápido. Saulo quería detener este crecimiento. Fue a los gobernantes y les dijo: «Déjenme perseguir a los hombres que predican acerca de Jesús. Déjenme meterlos en la cárcel». Los gobernantes le permitieron a Saulo que hiciera esto. Él iba de casa en casa prendiendo a los creyentes y metiéndolos en la cárcel.

«Voy a ir a Damasco», anunció Saulo. «Hay muchos creyentes allí. Los prenderé a todos».

En el camino a Damasco, Saulo tuvo una experiencia que cambió su vida. Una luz muy brillante salió del cielo. Era tan brillante que dejó ciego a Saulo. Él cayó al suelo. Escuchó una voz que decía:

—Saulo, Saulo, ¿por qué eres tan malo conmigo?

—¿Quién me habla? —preguntó un Saulo asustado.

—Yo soy Jesús. Cuando tú les haces daño a los creyentes, me haces daño a mí. Ahora, ve a Damasco y se te dirá lo que debes hacer.

Saulo se fue a Damasco. No podía ver. No quería comer ni beber. Estuvo así durante tres días.

Ananías, un seguidor de Jesús, vivía en Damasco. Dios le habló y le dijo:

—Un hombre llamado Saulo necesita tu ayuda. Él se está quedando en una casa en la calle Derecha. Ve a verlo.

—Ay, Dios, he escuchado acerca de Saulo. Él mete a los creyentes en la cárcel. ¿Puedo confiar en él? —dijo Ananías, pues no quería ir.

—Ve, Ananías, dile que yo te he enviado. Es más, él te está esperando. Toca sus ojos para que pueda ver de nuevo. Confía en él y sé amable con él. Lo he escogido para que sea un gran predicador y un gran misionero.

La vida de Saulo cambió de verdad. Creyó en Jesús y se bautizó. Ahora, amaba a Dios y amaba la iglesia. Predicaba el evangelio en muchos lugares nuevos. Sufrió mucho por Jesús. Saulo cambió su nombre por Pablo. Saulo, quien fuera el guardián de los mantos, se convirtió en Pablo, un guardián de la iglesia de Dios.

97. La emocionante vida de Pablo
HECHOS

Pablo estaba trabajando siempre para Dios. Él tenía una vida emocionante.

Pablo describió sus experiencias. Dijo: «He estado en la cárcel muchas veces. A menudo, he estado en peligro de muerte. Me han golpeado. Una vez, me lanzaron piedras. En otra ocasión, tuve que escapar de una torre en una canasta. He enfrentado ladrones, inundaciones y hambre. Tres veces he sido un náufrago[G]. Todo esto, y más, me ha pasado mientras iba a todas partes predicando el evangelio».

Esta vez sucedió un naufragio.

A Pablo lo habían arrestado por predicar. Él dijo: «Soy un ciudadano romano. Exijo que me lleven a Roma para el juicio».

A Pablo lo montaron en un barco con muchos otros. Navegaban hacia Roma. Vientos fuertes golpearon el barco en dirección equivocada. Se detuvieron por varios días en un lugar llamado Buenos Puertos. Pablo le aconsejó al capitán[G]: «Debemos

quedarnos aquí hasta la primavera. Este es el peor tiempo del año para viajar por el mar».

El capitán no estuvo de acuerdo. Siguieron navegando. Se les apareció una tormenta muy mala. Era cada vez peor. Durante muchos días, lucharon por impedir que el barco se hundiera. Al final, perdieron la esperanza.

Pablo se paró y dijo: «El barco se va a destruir. Sin embargo, Dios me prometió que no morirá nadie».

Los vientos eran violentos. Empujaba el barco hacia la costa. Allí había unas rocas inmensas. El barco se destrozó cuando golpeó las rocas.

Todo el mundo saltó al agua y nadó. Tal y como lo dijo Dios, todos llegaron vivos a tierra.

El tiempo era frío y todos estaban mojados. Hicieron una fogata. Mientras Pablo ayudaba para recoger madera para el fuego, lo mordió una serpiente venenosa.

«Miren», dijeron los demás, «debe ser un criminal muy malo. Se salvó del mar, pero ahora morirá con la mordida de la serpiente».

Pablo sacudió la serpiente de su brazo en el fuego. Los otros esperaban que Pablo muriera. Nada sucedió. Dios había protegido de nuevo a Pablo. ¡Su emocionante vida no terminó ese día!

98. Pedro va a la cárcel
HECHOS 12

A los creyentes los llamaban cristianos ahora. La iglesia seguía creciendo. Pablo estaba predicando en todas partes y muchos creían su mensaje. Esto hizo que cierta gente se enojara. Una persona enojada era el rey Herodes. Quizá pensara: «Si los cristianos siguen aumentando, es posible que sean capaces de quitarme el trono».

El rey Herodes les hizo difícil la vida a los cristianos. Mató a Jacobo el hermano de Juan. Prendió a Pedro y lo metió en la cárcel. Les dijo a dieciséis soldados que lo vigilaran. Los soldados sabían que tenían una gran responsabilidad. Si Pedro escapaba, ellos morirían.

Las noticias del arresto de Pedro llegaron a las personas de la iglesia. Comenzaron a orar para que Pedro quedara libre.

En la noche, Pedro estaba durmiendo entre dos soldados. Él estaba atado con dos cadenas. De repente, se le apareció un ángel. El ángel tocó a Pedro en un costado y le dijo: «¡Levántate!». Las cadenas cayeron de las manos de Pedro.

El ángel le dijo: «Ponte tu cinturón^G y tus zapatos». Pedro lo hizo. «Ponte tu manto y sígueme». Pedro lo hizo. Pasaron por delante de los soldados. La gran puerta de hierro se abrió. Pedro pensó que quizá estuviera soñando. Sin embargo, fuera en la calle, supo que el ángel lo había liberado.

Pedro fue al lugar donde estaban orando por él. Pedro tocó a la puerta. Una muchacha llamada Rode fue a ver quién era. Estaba tan feliz por ver a Pedro que olvidó abrirle la puerta. Rode corrió adentro.

—¡Pedro está aquí!

—Tú estás loca —le dijo la gente—. Pedro está en la cárcel.

—No, es él de verdad —dijo Rode con seguridad.

—Debe ser su ángel.

—¡Les digo que es Pedro!

Mientras discutían, Pedro seguía tocando. Por fin, abrieron la puerta y allí estaba Pedro. Les dijo: «Escúchenme». Él les contó cómo Dios lo sacó de la cárcel. Les pidió que les dijeran todas esas cosas a los demás cristianos.

Fue una buena noticia que Pedro estuviera libre. Fue una mala noticia que Herodes matara a los soldados que lo dejaron escapar. Al poco tiempo, Herodes murió también.

99. Un terremoto a medianoche
HECHOS 16

Pablo, quien se había llamado Saulo, y Silas viajaban a muchos lugares contando las buenas nuevas acerca de Jesús. En una ciudad, conocieron a una mujer llamada Lidia. Ella tenía un negocio de vender bellas telas. Lidia creyó en Jesús. Ella y su familia se bautizaron. Lidia invitó a Pablo y Silas para que visitaran su hogar en Filipos.

En Filipos, había una muchacha esclava que estaba controlada por espíritus malos. Podía decir lo que sucedería en el futuro. Sus dueños la usaban para hacer dinero.

Mientras Pablo y Silas caminaban por las calles, la muchacha esclava los seguía. El espíritu malo en ella decía cosas que molestaban a Pablo. Un día, él le dijo al espíritu malo: «En el nombre de Jesús, ¡sal de esta muchacha!».

El espíritu malo salió. Sin embargo, ahora la muchacha no podía decir lo que traería el futuro. Ya sus dueños no podían hacer dinero con ella. Se enojaron y metieron a Pablo y Silas en la cárcel.

Los dos hombres pasaron la noche orando y cantando canciones de alabanza. Fue casi a la medianoche. Un poderoso terremoto estremeció la cárcel. Las puertas se abrieron de golpe. Se cayeron las cadenas que sujetaban a las personas en la cárcel.

El carcelero escuchó el ruido. Vino y vio que las puertas estaban abiertas. Pensó que los prisioneros se habían escapado. ¡Estaba en un serio problema! El carcelero sabía que lo matarían si se escapaban los que él vigilaba. Sacó su largo cuchillo y pensó: «¡Será mejor que me mate!».

Pablo gritó: «¡Detente! No te hagas daño. ¡Todos estamos aquí!».

El carcelero cayó ante Pablo y Silas y preguntó: «¿Qué puedo hacer para ser salvo?».

Pablo y Silas le contaron al carcelero las buenas nuevas acerca de Jesús. Esa noche, el carcelero y toda su familia creyeron y se salvaron.

El juez mandó a decir que Pablo y Silas podían salir libres.

100. Pablo escribe cartas

Por fin Pablo llegó a Roma. A él lo mantenían en una casa para esperar su juicio. Los guardias lo vigilaban todo el tiempo. Estuvo allí dos años. Mientras estaba bajo arresto, Pablo tuvo muchas oportunidades para hablarles a otros acerca de Jesús.

Los guardias no fueron malos con Pablo. A ellos les caía bien. Le trajeron papel y Pablo les escribió cartas a muchas de las iglesias.

Pablo escribió cosas importantes para ayudar a los cristianos a que supieran cómo vivir. Dijo:

«Sirvan a Dios y ámense los unos a los otros y a sus enemigos».

«Obedezcan a las autoridades y a la ley».

«No peleen los unos con los otros ni se dividan en grupos para discutir».

«Tengan un buen matrimonio. Sean puros».

«El Espíritu Santo los ayudará a vivir buenas vidas».

«Satanás es un enemigo fuerte, pero Dios les dará la victoria sobre él».

«Nunca dejen de orar».

«Jesús va a volver. Estén preparados».

... ¡y mucho, pero mucho más!

Dios le dio a Pablo las palabras para escribir. Le dio el tiempo para escribir. Si Pablo no hubiera estado en la casa-cárcel, habría estado demasiado ocupado para escribir. Es algo bueno que Pablo tuviera tiempo para escribir. De otra manera, nuestra Biblia sería mucho más corta.

Pablo les pidió a hombres de su confianza que les llevaran las cartas a las iglesias. Ellos leían las cartas y las compartían con otros. Los líderes de la iglesia guardaban las cartas a salvo. Nunca las destruían. Al final, llegaron a ser parte de la Biblia. Ellas son una parte importante de la Biblia llamada las Cartas o Epístolas de Pablo. Nosotros podemos leerlas en cualquier momento que lo deseemos.

101. Una mirada a las cosas futuras

APOCALIPSIS

Juan, uno de los primeros discípulos, se encontraba en la isla de Patmos. Estaba allí en la cárcel.

Juan era un anciano ahora. Dios le dio una visión^G de lo que sucedería en el futuro. Juan escribió lo que vio en una larga carta. Él les envió la carta a siete iglesias en Asia.

Juan escribió: «Yo soy su hermano Juan. Me llevaron a esta isla porque predicaba la Palabra de Dios. Él me ha dado una visión. Quiero decirles a ustedes lo que vi.

»Vi a Alguien sentado en un trono. Tenía un libro que estaba cerrado. Nadie podía abrirlo. Un ángel preguntó: "¿Quién es lo suficientemente bueno para abrir este libro?".

»Entonces, vi a Jesús. Todo el mundo dijo: "Jesús es lo suficientemente bueno para abrir el libro porque Él murió por todas las personas del mundo".

»Miles y miles de ángeles cantaban: "Jesús es lo suficientemente bueno para que se le dé el poder, las riquezas, la sabiduría, la fortaleza y el honor"».

Juan continuó: «Entonces, vi un cielo nuevo y una tierra nueva. Vi la Santa Ciudad, la Nueva Jerusalén. Escuché la voz de Dios diciendo: "La casa de Dios está con los hombres. Él vivirá con ellos. Ellos serán su pueblo. Dios limpiará cada lágrima de sus ojos. No habrá más muerte, ni llanto, ni lamento ni dolor. Haré todas las cosas nuevas. Ningún pecado puede entrar en el cielo".

»Entonces», dijo Juan, «escuché la voz de Dios decir: "Cualquiera que quiera entrar en el cielo puede tener sus pecados perdonados. Ven, tus pecados pueden ser lavados porque mi Hijo, Jesús, murió por ti. Aquí está el agua de vida. Es un regalo. ¡Tómalo! ¡Tu nombre se escribirá en el Libro de la Vida!"».

abrazar: poner los brazos alrededor de otra persona, casi siempre como una señal de cuidado

arbusto: una pequeña planta más grande que la mayoría de las flores y más pequeña que la mayoría de los árboles

arena: pedazos muy pequeños de roca que se encuentran sobre todo alrededor de masa de agua o en un desierto

arpa: un instrumento musical

arroyo: un río muy pequeño

asfalto: un líquido espeso de color negro que se utilizaba para proteger cosas tales como las carreteras

baño: lavarse uno el cuerpo con agua

becerro: es la cría de diferentes animales grandes

boda: el acto en el que un hombre y una mujer se casan

bronce: un metal amarillo

burro: un animal como un caballo pequeño con largas orejas

cabra: un animal de granja que se criaba en especial por su leche y carne

camello: un animal del desierto grande y fuerte que se usaba para llevar grandes cargas

campamento: lugar usado para vivir por un corto tiempo

cántaro: vasija grande ancha por la barriga y estrecha por el pie

capitán: líder, maestro, jefe, principal, comandante

carnero: macho de la oveja

carro: carruaje de dos ruedas tirado por caballos para transportar personas

carroza de fuego: un carro tan brillante que parecía estar hecho de fuego.

celoso: no te gusta una persona porque tiene algo que deseas tener

cesta: recipiente hecho de diferentes tipos de plantas

cinturón: algo que se llevaba puesto por la parte media del cuerpo para mantener la ropa en su lugar

codorniz: un tipo de ave pequeña que a menudo se caza para comer

columna: con forma de una barra, pero grande, y en posición vertical para sostener algo como un techo

cordero: una oveja pequeña

cueva: un hoyo natural en el suelo, como en la ladera de un monte

doméstico: tranquilo y fácil de controlar

espada: un cuchillo grande usado como un arma

especias: 1. partes aromáticas de plantas que se usaban para guardar algo de mal olor 2. partes de las plantas usadas para darles mejor sabor a los alimentos

espías: personas que vigilan en secreto a otras personas

espina: una parte muy dura de un árbol con una punta afilada

foso: el hogar de un animal salvaje tales como el león

gallo: un ave macho

jugo: el líquido de algunas frutas, tales como las uvas u otras cosas maduras

hambruna: un tiempo cuando hay poco o ningún alimento, y la gente tiene hambre

herencia: eso que uno recibe de un padre después de la muerte de ese padre

hierbas: plantas usadas como medicina o para hacer que la comida tenga un mejor sabor

hipócrita: una persona que quiere que la gente crea que es diferente de lo que es

hojas: láminas delgadas de metal, madera, papel, etc.; o las partes verdes, planas y delgadas de una planta

honda: un instrumento usado para lanzar piedras como un arma de guerra

horno: un cajón para hacer fuego, a fin de calentar un edificio o fundir metales

ladrillos: bloques hechos de tierra y usados para construir cosas tales como casas

lana: el pelo suave de la oveja

llaga: una parte dañada del cuerpo debido a una enfermedad, un accidente o una herida

llama: el fuego brillante que aparece de algo que se está quemando

langostas: grandes insectos voladores que viajan en grandes cantidades y destruyen las plantas que crecen

lanza: una larga y puntiaguda arma para tirarla o apuñalar a alguien

luchar: pelear con alguien, tratando de tirarlo al suelo sin que lo golpeen

maldecir: pedirle a Dios le envíe un mal a una persona o cosa o que dañe a una persona o cosa

malvada: muy mala

manojo: varias cosas atadas juntas o cosas o personas en su conjunto

manto: una prenda de vestir larga y suelta que se usa casi siempre sobre la otra ropa

náufrago: una persona que iba en un barco que se dañó o se destruyó por un accidente

olla: un recipiente hondo usado para cocinar, contener líquidos o guardar alimentos

oveja: animal de granja criado casi siempre por su lana y su carne

paja: las plantas secas de cereales después que se recogen los granos

pastor: una persona que cuida ovejas; también un líder de un grupo de personas

perfume: algo que da un olor agradable

plagas: todo lo que les trae problemas a una tierra o a un pueblo

racimo: un grupo de cosas que crecen juntas, o cosas o personas consideradas en su conjunto

red: cuerda anudada sin apretar o tejida que se usa a menudo para atrapar peces o aves.

rocío: el agua que se forma sobre las cosas, casi siempre en una noche tranquila y clara

sepulcro: un hoyo en el suelo o en la roca en el que se coloca el cuerpo de una persona muerta

siervo: una persona que sirve a otros, a menudo una esclava

sobrino: el hijo de un hermano o de una hermana

tienda: un pequeño espacio para vivienda temporal, hecha con pieles de animales o con otros materiales ligeros

tinaja: vasija grande que sirve para guardar agua, aceite u otros líquidos

trompeta: un instrumento musical que a menudo se usaba para darle una señal a un ejército

trono: una silla especial en la que se sienta el rey

trueno: el sonido fuerte que se escucha durante una tormenta

uvas: frutas pequeñas que crecen en racimos; se comen frescas o secas; su jugo se bebe o se usa para el vino

vela: una barrita de cera que se quema para dar luz

vino: una bebida hecha de jugo de uvas; a menudo causa que la persona se emborrache

viña: una huerta para sembrar uvas

visión: algo que se ve, pero no con los ojos; como un sueño al despertar

zorro: animal salvaje parecido al perro que es muy habilidoso en obtener lo que quiere